그린워싱탐정단, 기후양치기를 잡아라!

머리말

  2024년 여름, 대한민국 날씨는 어땠나요?
  한 번도 경험하지 못한 극한 무더위에 모두 혀를 내두르지 않았나요? 하지만 2024년 여름은 앞으로 우리가 경험하게 될 여름 중에서 가장 시원한 여름일 수도 있습니다. 지금처럼 온실가스를 배출하고 지구온난화 속도가 더 빨라진다면, 이상기후 현상은 지금보다 더 자주, 더 심각하게 발생할 거니까요.

  21세기, 탄소중립은 선택이 아닌 필수가 되었습니다. 하지만 지금 주위를 둘러보면 조금 이상합니다. 모두 '탄소중립'을 크게 외치지만, 온실가스 배출을 줄이기 위해 제대로 노력하는 사람은 많지 않습니다. 아직도 많은 사람이 지구온난화가 우리 인류에게 닥친 위기라는 것을 깨닫지 못한 것 같습니다.

  학교나 시민단체의 환경캠페인도 비슷합니다. 쓰레기 분리배출, 화단에 나무 심기, 플로깅…….
  대부분 이런 활동을 하면서 탄소중립을 위해 노력합니다. 사실, 이런 캠페인도 탄소중립에 도움이 되긴 됩니다. 아주 조금 말이죠. 하지만 이런 활동으로는 우리 인류의 시급한 목표인 탄소중립을 절대로 달성할 수 없습니다. 노력에 비해 효과가 너무 없기 때문입니다.

탄소중립을 달성하려면 개인보다 기업이 더 노력해야 합니다. 개인보다 기업에서 배출하는 탄소 배출량이 훨씬 많기 때문입니다. 기업에서 줄인 1%는 우리가 줄인 10%보다 훨씬 더 많습니다. 그래서 개인보다 기업의 노력이 탄소중립 달성에 더 효과적이고 중요합니다.

기업은 온실가스 배출량을 줄이는 데 인색합니다. 배출량을 줄이려면, 기계를 바꾸고, 친환경 재료를 사용하는 등 뼈를 깎는 노력을 해야 합니다. 하지만 많은 기업이 환경을 위해 큰돈 쓰는 것을 아까워하며 소비자 눈치를 살핍니다. 그린워싱으로 소비자를 속이기도 합니다.

이제 소비자가 똑똑해져야 합니다. 소비자가 눈을 크게 뜨고 기업을 감시하면 기업이 달라지고, 온실가스 배출량을 훨씬 더 많이, 훨씬 더 빨리 줄일 수 있습니다.

이제 독자 여러분이 책 제목처럼 '그린워싱탐정단'이 되어보길 바랍니다. 눈을 크게 뜨고 기후양치기를 찾아내 당당하게 목소리를 내주면 좋겠습니다.

미래의 지구는 미래의 주인공인 여러분이 살아야 할 공간입니다. 지금부터라도 여러분의 권리를 지키고, 당당하게 요구해 더 건강한 지구를 만들어 냈으면 좋겠습니다.

2024년 무더운 여름
맑고 파란 하늘을 그리워하며
정종영

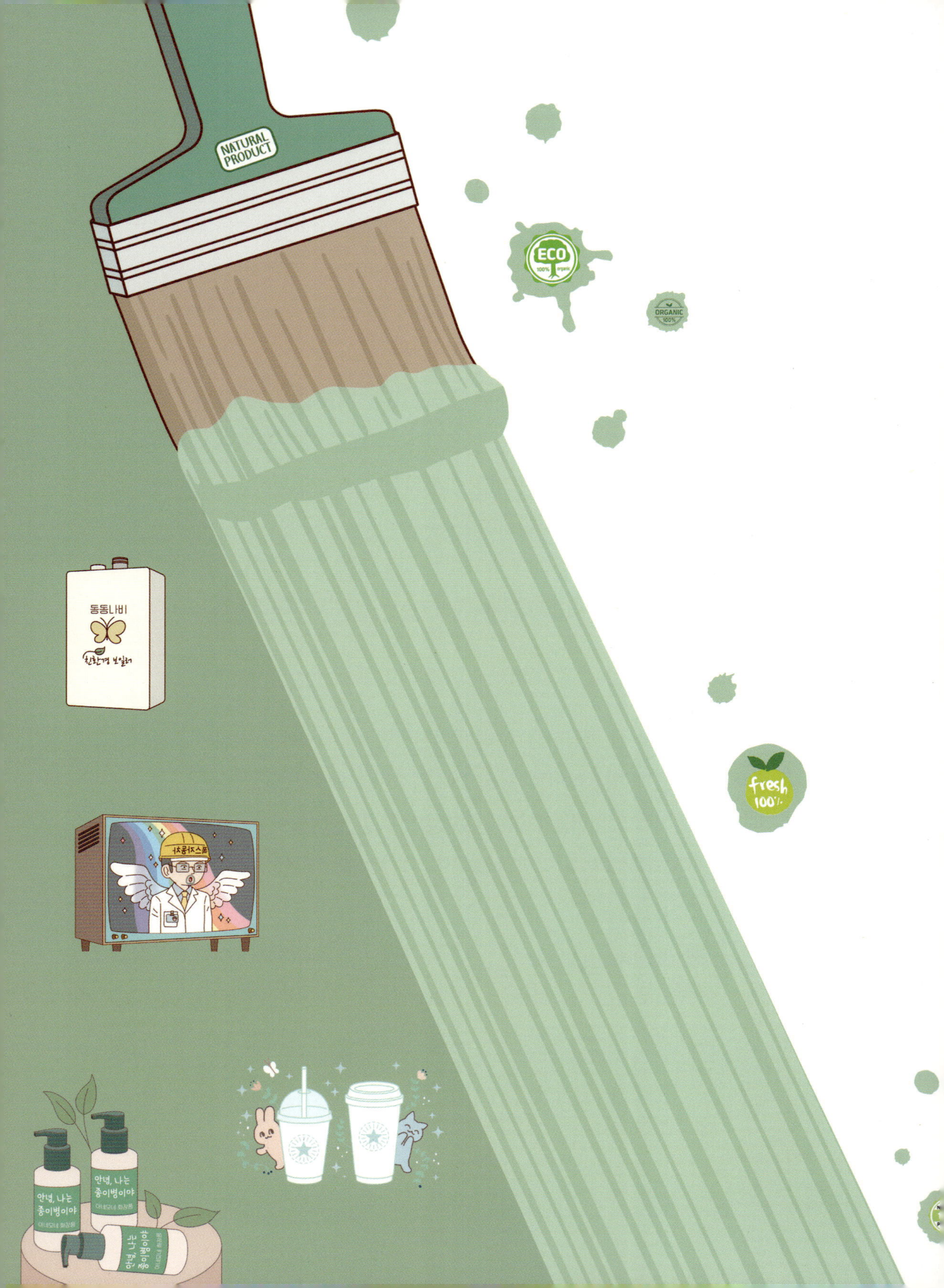
NATURAL PRODUCT
ECO
100% organic
ORGANIC
100%
fresh
100%
동동나비
친환경 보일러
안녕, 나는 종이병이야
안녕, 나는 종이병이야

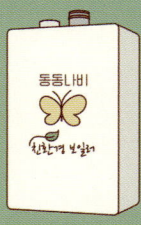

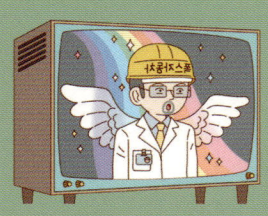

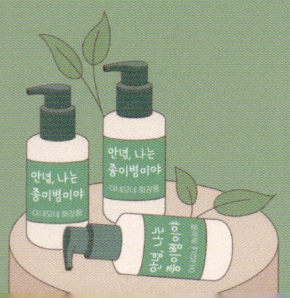

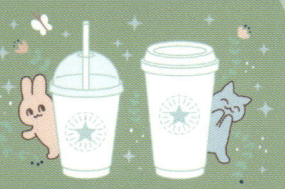

차례

- 06 공모전
- 20 접수번호 1번
- 36 삐딱한 댓글
- 53 추적60인분을 찾아라!
- 67 그린워싱, 기후양치기의 장난
- 80 그린워싱탐정단, 기후양치기를 잡아라!
- 96 진심으로 지구를 사랑한다면
- 107 이제 아무거나 살 순 없죠!

- 113 이것만 알면, 이제 우리도 그린워싱탐정단

"휴! 다행이다."

연두가 긴 한숨을 내쉬면서 슬비를 바라보았다. 이번 학교신문 기사는 꽤 힘들었다. 시간도 부족했고, 취재할 내용도 많았다.

"고생했어."

슬비가 환하게 웃으며 다가와 연두 손을 잡았다. 민기도 연두를 보며 어깨를 토닥였다. 연두가 자리에 앉자 정 선생이 4학년 모둠 방으로 들어왔다. 짧은 머리에 하얀 셔츠 차림의 청년이었다.

"다음 기사 계획서는 3시까지 제출하고 다시 모여!"
"네."
작은 방에서 울려 퍼지는 목소리가 경쾌했다.
정 선생은 5학년, 6학년 모둠 방에서도 같은 얘기를 전달했다.

푸른별초등학교에서는 매월 두 번 인터넷신문을 발행한다. 신문동아리는 4학년부터 활동할 수 있었다. 4학년은 특집기사, 5학년은 학교 소식, 6학년은 학교 밖 소식을 맡았다.

4학년 기자단이 이번에 맡은 기사는 가을 운동회였다. 4학년 기자단 5명이 각자 한 종목씩 맡으면, 취재 계획을 빨리 세울 수 있었다.
"내가 100미터 달리기 맡을게. 줄다리기는 누가 할래?"
민기가 먼저 말하며 아이들을 보았다. 각자 한 종목씩 말하며 기사를 맡았다. 얘기가 끝나자 모두 연필을 꾹꾹 눌러 가며 취재계획서를 적기 시작했다.
민기가 1등으로 끝내며 취재계획서를 들고 흔들었다.

"너무 빨리 끝낸 거 아냐?"
연두가 씩 웃으며 고개를 들어 민기를 보았다.

모두 계획서를 내고 넓은 탁자에 전부 모였다. 정 선생이 돌돌 말린 포스터 뭉치를 가져와 탁자에서 펼쳐 놓았다. 제7회 환경 기사 쓰기 공모전 포스터였다. 참가 접수는 9월 15일까지였고, 기사를 올리는 기간은 9월 16일부터 9월 30일까지였다.

"오늘 9월 10일인데, 5일밖에 안 남았어요."
"맞아요. 기간이 너무 짧아요!"
아이들이 포스터를 보며 얼굴을 찌푸렸다.
"미리 알려줄까 생각해봤는데, 이번 신문 기사 마감이 평소보다 조금 늦었잖아. 신문이라는 게 제날짜에 딱 나와야 하니 어쩔 수 없었어."
정 선생이 미안한 듯 얘기를 하면서도 목소리가 점점 줄어들었다.

환경 기사 쓰기 공모전은 매년 가을에 열린다. 푸른별 초등학교 신문동아리 학생은 지난 6회까지 단 한 번도

빠지지 않고 참가했다.

　4학년 기자단은 궁금한 게 많은지 포스터를 보면서 수군거렸다. 민기가 포스터를 보다가 고개를 들었다.

　"선생님, 어떻게 써야 상을 받을 수 있나요? 많이 쓰고, 빨리 쓰면 되나요?"

　1등은 교육감상이었다. 상품도 푸짐했다.

　정 선생이 빙그레 웃으며 민기를 쳐다보았다. 그리고는 아이들과 눈을 맞추며 방법을 알려주었다.

　많이 쓰고, 빨리 쓰면 조금 더 유리했다. 한 사람이 여러 개를 쓰면 가산점을 받을 수 있었다. 하지만 많이 쓰고, 빨리 낸다고 좋은 성적을 받는 건 아니었다. 직접 보고 듣고, 뛰어다니면서 성실하게 쓴 기사가 좋은 점수를 받을 수 있었다. 또한 남의 사진을 가져와 출처를 밝히고 사용하는 것보다 직접 찍어서 올리는 사진이 더 좋았다.

　"잘 모르겠어요. 조금 더 자세히 알려주세요."

　이번에는 5학년 여학생이 물었다.

　"작년에 1등 한 기사를 한번 볼까? 공모전 홈페이지에 들어가면, 수상작을 볼 수 있어."

정 선생이 대형모니터에 컴퓨터 화면을 띄웠다. 홈페이지에서 6회 수상작을 찾아 1등 기사를 열었다. 기사를 보면서 하나씩 차분하게 설명했다. 기사 제목을 어떻게 적어야 하는지, 첫 문장은 어떤 게 좋고 나쁜지 자세히 알려주었다.

"참, 4회 때 우리 학교 학생이 1등을 했지."

"정말요!"

"어떻게 썼는지 궁금해요."

몇몇 아이가 눈을 초롱초롱하게 뜨고는 정 선생을 바라보았다.

"알았어. 잠깐만. 어디서 봤는데."

정 선생이 얘기하면서 홈페이지를 살펴보았다. 4회 수상 기사 보기 단추를 누르자, 안내 문구가 떴다. 공정한 경쟁을 위해 대회 기간에는 1~5회 수상 기사를 볼 수 없다는 내용이었다.

"지금은 볼 수 없네."

정 선생이 아쉬운 표정을 지으며 고개를 저었다.

아이들이 공모전에 대해 계속 물었다. 정 선생은 사소한 질문 하나까지 예를 들어가며 자세히 설명했다.

"5, 6학년은 한 명도 빠짐없이 참여하세요."

"네."

모두 힘차게 대답했지만, 몇몇은 자신 없는 듯 표정이 어두웠다.

"4학년은요?"

"4학년은 하고 싶은 사람만 도전해 보세요."

정 선생이 얘기하다가 뭔가 생각한 듯 연두에게 고개를 돌렸다.

"연두야, 너도 한번 해볼래?"

연두는 4학년 중에도 기사를 꽤 잘 썼고, 환경에 관심이 많았다. 게다가 연두의 꿈은 기자였다.

"제가요?"

"경험이라 생각하고 편안하게 도전해 봐."

선생님 얘기가 끝나자마자 민기가 눈을 말똥말똥 뜨고 정 선생을 바라보았다.

"아, 마, 맞네. 4회 대회 때, 민기 형이 1등을 했지. 우리 민기도 도전. 알겠지?"

정 선생이 미안한 듯 민기를 보면서 말을 더듬거렸다. 말투도 평소보다 조금 더 빨랐다.

"네."

민기가 환한 표정을 지으며 우렁차게 대답했다.

정 선생이 손을 잽싸게 내밀어 포스터를 들었다.

"참가할 사람은 9월 15일까지 접수하고, 기사 제출한 사람은 기자단 단체 대화방에 꼭 알려주세요. 접수번호라든지, 접수번호가 나온 화면을 사진으로 찍어서 올리면 됩니다. 기사를 올리면 작성자 애칭과 아이디만 볼 수 있어서, 누가 썼는지 알 수 없습니다. 알겠죠?"

정 선생이 차분하게 얘기하고는 자리에서 일어났다.

9월이지만, 한여름만큼 더웠다. 푸른 나뭇잎이 뙤약볕에 녹은 듯 힘없이 축 늘어졌다. 교문을 나와 얼마 걷지도 않았는데 땀이 주르륵 흘러내렸다.

"너무 더워! 편의점 가서 시원한 거 먹고 갈래?"

연두가 슬비를 보며 물었다. 집까지 걸어서 10분 거리였지만, 잠시 쉬어가고 싶었다.

"응."

슬비 대답에 힘이 없었다. 슬비도 공모전에 참가하고 싶었다. 하지만 선생님이 슬비에게는 도전해보라는 얘기를 하지 않았다. 연두와 민기에게 도전해보라는 얘기가 귓가에 자꾸 맴돌았다.

"혹시, 공모전 때문이야?"
연두 얘기에 슬비가 고개를 끄덕였다.
"나가면 되지. 뭐 걱정? 힘내!"
"용기도 안 나지만, 쓸 게 없어. 기사 쓸 시간도 얼마 없잖아."
"내가 도와줄게. 시원한 것 먹으면서 얘기하자. 기삿거리 빨리 찾는 방법 알려줄게."
연두가 손으로 편의점을 가리키며 얘기했다. 연두 얘기에 슬비 표정이 아침햇살처럼 밝아졌다.

연두가 편의점 앞에서 뭔가 보면서 멈칫거렸다. 편의점 문 앞에 붙은 포스터 때문이었다.
"또 하게?"

로미오제과의 녹색 환경 캠페인 포스터였다. 로미오제과에서 만든 음료수를 먹고, 분리 배출하는 장면을 영상으로 찍어 보내면 경품을 주는 행사였다.

"이왕이면 분리배출도 실천하고, 경품도 받고 얼마나 좋아? 로미오제과는 정말 착한 회사 같아."

연두가 콧노래를 부르면서 포스터를 가리켰다.
"왜?"
"환경을 지키기 위해 1년 내내 환경 캠페인을 열심히 하잖아."
"자주 하면 뭐해? 너 한 번도 안 됐잖아. 이번이 몇 번째야?"
"혹시 아니? 이번에는 될지!"
연두가 씩 웃으며 유리문을 밀고 편의점 안으로 들어갔다.

냉장고에 음료가 많았다. 연두는 다른 곳에 눈길 한번 주지 않고 로미오제과의 탄산음료를 집었다.

"넌 안 해?"

"둘 다 하면 누가 영상 찍을 건데? 나는 아이스크림 먹을 거야."

계산을 끝내고, 둘은 에어컨 바로 앞 탁자에 자리를 잡았다.

"비법을 알려줄게. 기삿거리 찾는 법은 아주 간단하지."

연두가 음료수를 홀짝홀짝 마시며 스마트폰을 꺼내 유튜브를 열었다. 화면에 아무것도 치지 않았는데 환경 관련 영상이 주르르 흘러나왔다.

"뭐니! 미리 다 찾아놓은 거야?"

연두는 평소 환경 관련 동영상을 즐겨보았다.

"신기하지? 열면 바로 나와. 이 녀석이 내 마음을 어떻게 알았는지, 요술램프처럼 필요한 것을 딱 보여주지. 특히, 광고도 잘 살펴봐야 해. 광고도 정보거든."

연두는 광고를 끝까지 보고, 스마트폰을 건들지 않았다. 연달아 광고가 또 나왔다. 철강회사도 친환경, 항공사도 친환경, 자동차회사도 친환경을 강조했다.

"모든 회사가 환경을 위해 많이 노력하는 것 같은데 지구가 왜 자꾸 더워질까?"

슬비가 광고를 보다가 고개를 갸웃거리며 물었다.

"글쎄, 광고만 보면, 모두 모범생 같은데. 아닌가?"

연두가 알쏭달쏭한 표정을 지었다.

슬비도 스마트폰을 꺼내 유튜브를 열었다. 슬비 유튜브에는 만화 영상이 많았다.

"내 건 너랑 다르네?"

"지금부터 훈련을 시켜볼까? 내가 말하는 단어로 하나씩 검색해봐."

연두가 환경, 탄소중립, 지구온난화, 전기자동차를 말했다. 슬비가 차례로 검색하자, 환경 관련 동영상이 나왔다. 슬비가 하나를 골라 영상을 보았다.

"이거 어디서 본 것 같은데?"

"우리 1학기 때 탄소중립에 대해 배웠잖아."

"맞네. 이번에는 재활용 분리수거를 쳐볼까?"

슬비는 신기한 듯 생글생글 웃으며 검색창에 단어를 넣었다. 재활용 분리수거로 수많은 동영상이 나타났다.

"신기한데?"

아이스크림이 녹아 단물이 줄줄 흘러내렸다. 슬비가 영상을 보면서 아이스크림을 입에 쏙 집어넣었다.

"슬비야, 이제 유튜브를 닫고 다시 열어봐!"

슬비가 다시 유튜브를 열었다. 화면 속에 환경 관련 영상이 꽤 많았다. 슬비는 콧노래를 흥얼거리며 자동으로 추천하는 동영상 몇 개를 또 보았다.

"제목이 마음에 든다고 아무 영상이나 보면 안 돼. 추천 수, 조회수, 댓글을 먼저 보고, 영상을 골라야 시간을 아낄 수 있어. 긴 영상이 꽤 많거든."

"알았어."

슬비는 연두가 알려주는 대로 추천 수, 조회수, 댓글 내용을 먼저 살피고 동영상을 보았다.

"이제 뭐 쓸지 생각났니?"

"응. 플라스틱 재활용에 관해 쓰면 좋겠어."

"좋아. 플라스틱 재활용을 골랐다면, 이 내용에 대해 자료가 더 있어야 하잖아. 그건 1학기 때 배운 탄소중립 교재에서 찾으면 돼. 어때?"

"맞네. 우리 교재에 표, 그래프 같은 자료가 많지."

슬비가 생글생글 웃으며 손뼉을 쳤다.

"자, 이제 스마트폰으로 사진 찍어."

연두가 얘기하면서 일어났다.
"동영상 찍을 거니?"
"아니. 플라스틱 재활용 기사를 쓰려면 사진이 있어야 하잖아. 내가 모델 해줄게. 사진 먼저 찍고 동영상 찍자."
연두가 페트병 라벨을 천천히 뜯었다. 슬비가 이쪽저쪽 옮겨 다니며 사진을 찍었다.
"이제 동영상 찍어줘!"
연두가 얘기하며 왼쪽 눈을 깜빡였다. 슬비가 엄지손을 척 올리며 동영상을 찍기 시작했다. 연두는 아무 일 없다는 듯 태연한 표정을 지으며 비닐과 페트병을 재활용 분리함에 넣었다.

접수번호 1번

    연두는 거실 소파에 누워 스마트폰을 보았다. 방에 컴퓨터가 있지만, 영상을 보기에는 스마트폰이 더 편했다. 게다가 방에서는 무선 인터넷 신호가 약했다.
    "재밌네."
    연두는 영상 하나를 보고, 교재를 넘겼다. 환경, 탄소중립 같은 단어로 검색하면 새로운 영상이 나오지 않았다. 교재에 있는 전기자동차, 신재생에너지같이 조금 더 구체적인 단어로 검색해야 새로운 영상을 볼 수 있었다.
    "오!"
    연두는 영상이 나오기 전 광고를 유심히 보았다. 이번 광고는 전기자동차로 즐기는 친환경 녹색 캠핑이었다.

한 가족이 전기자동차를 타고 숲길을 가다가 호수가 보이는 곳에서 멈췄다. 아이들은 푸른 잔디밭에서 공을 가지고 놀았고, 엄마와 아빠는 모닥불을 피우고 화로 위에 고기를 구웠다. 새가 찍찍거리며 날아다녔고, 호수에는 큰 물고기가 펄쩍 뛰었다. 장작이 타면서 갈비가 지글지글 소리 내며 익었다. 하얀 재로 변한 숯불 속에 감자, 고구마를 넣었다. 전자레인지에서 땡 소리가 나자, 김이 모락모락 피어오르며 밥이 나왔다. 식사가 끝나자 전기주전자로 물을 끓여 따뜻한 차 한잔을 나눠 먹었다.

"전기자동차를 타고 캠핑하면 재미있겠는걸!"
 혼잣말하면서 엄마를 보았다. 엄마는 주방에서 저녁을 준비했다.
 광고가 끝나자 영상이 나왔다. 슈퍼맨 닮은 캐릭터가 나와서 자동차에서 배출하는 온실가스를 줄이기 위해 미래에는 친환경자동차가 많아질 것이라 설명했다. 곧이어 전기자동차, 수소연료전지차가 왜 좋은지 알려주었다. 예전에 본 내용과 비슷했다.
 "다른 거 없나?"

아래 있는 다른 영상을 살폈다. 몇 개를 골라 앞부분을 잠시 보았지만, 지금까지 본 영상과 크게 다르지 않았다.

"아, 맞다."

1학기 때 쓰다가 마무리 못 한 기사 하나가 떠올랐다.

소파에서 일어나 방으로 뛰어갔다. 컴퓨터를 켜고 1학기 때 쓴 기사를 찾았다. 전기자동차에 관해 쓴 기사였다. 방금 본 동영상과 내용이 비슷했지만, 분량이 너무 짧았다. 자료와 사진 몇 개만 추가하면, 공모전에 제출할 수 있겠다는 생각이 들었다. 곧바로 인쇄 버튼을 눌렀다.

"어디 보자."

빨간펜을 들고 기사를 꼼꼼히 살폈다.

"여기에는 교통수단별 온실가스 배출량 비교 자료를 넣으면 좋겠는데."

교재를 펼쳐 자료를 찾았다. 친환경자동차를 설명하는 곳에 내연기관자동차, 전기자동차 등의 온실가스 배출량 비교 자료가 있었다. 교재 위쪽을 접고, 여백에는 빨간펜으로 별표를 남겼다.

"또 뭐가 있지?"

다시 한번 훑었다. 기사에 장점만 있는 것 같았다. 교재를 보았지만, 전기자동차의 단점이 없었다.

"전기자동차의 단점이 뭘까?"

펜을 물고 생각하다가 창밖으로 고개를 돌렸다. 5시가 넘었지만, 밖이 아직 훤했다. 1층 주차장에 자동차가 몇 대가 있었다.

"맞네."

전기자동차의 단점은 전기자동차를 직접 운전하는 사람에게 물어보면 알 수 있다는 생각이 들었다. 지하주차장에 전기자동차 충전기가 있었다.

연두는 수첩을 들고 일어났다.

"저, 잠깐 나갔다 올게요. 일이십 분 정도 걸려요."

"알았어."

엘리베이터를 타고 지하 주차장으로 내려갔다. 전기자동차 충전기를 찾았다. 충전하는 자동차 3대가 있었다. 차 앞까지 갔지만, 사람은 없었다. 충전하는 자동차 모두 하늘색 번호판이었다.

"여기뿐인가?"

주변을 살피며 걸었다. 하늘색 번호판을 단 자동차 한 대가 천천히 움직였다. 연두는 조심스럽게 자동차를 따라갔다. 자동차가 멈춘 곳에 충전기가 없었다.

"어! 저기 왜 서지?"

연두는 잽싸게 뛰어갔다. 아주머니는 차 트렁크에서 뭔가 꺼내더니 벽에 있는 콘센트에 플러그를 꽂고 자동차에 연결했다. 연두는 아주머니에게 공손히 인사하면서 다가갔다.

"아, 이렇게도 충전할 수 있네요."

"우리 아파트에는 급속 충전기가 많이 없어. 한 바퀴 돌아보니까 모두 충전 중이더구나. 나야 바쁜 일도 없으니, 시간이 오래 걸려도 이렇게 충전하지."

연두는 전기자동차 충전 방법에 대해 자세히 물었다. 급속 충전은 1시간 정도, 완속 충전은 10시간 정도 걸렸다. 급속 충전은 완속 충전보다 가격도 비쌌다.

"와! 10시간이면 엄청나게 오래 걸리네요."

"1시간도 짧은 건 아니지. 기름 넣을 때는 5분도 안 걸리잖아."

연두는 아주머니 얘기를 들으면서 수첩에 '충전 방법, 충전 시간'을 적었다. 이 내용을 넣으면, 완벽한 기사가 될 것 같았다.

"하늘색 번호판이 전기자동차 맞죠?"

"맞아. 전기자동차 말고 수소차도 하늘색 번호판을 달지."

"아, 맞네요. 수소자동차도 친환경자동차라고 배웠어요."

아주머니와 5분 정도 대화하고는 다른 곳으로 이동했다. 천천히 걸으며 지하 주차장을 둘러보았다. 넓은 지하 주차장에 급속 충전기는 모서리마다 4곳 있었다. 충전하는 자동차 사진도 몇 장 찍었다. 생각보다 친환경자동차가 얼마 없는 것 같았다.

우리 아파트에 친환경자동차가 얼마나 있는지 궁금했다. 연두는 지하 주차장을 다시 한번 돌았다. 하늘색 번호판이 있으면, 수첩에 숫자를 적었다.

"다녀왔습니다."

집에 들어가면서 목청을 높여 인사했다. 지하 주차장만 다녀왔을 뿐인데 생각보다 많은 것을 건졌다. 이 정도면 충분하다는 생각이 들었다.

"조금 오래 걸렸네?"

"환경 기사를 쓰려고 취재하고 왔어요."

"너무 빠른데! 진짜 취재한 거 맞아?"

"진짜 취재했어요."

연두는 주방까지 달려가 수첩을 펼쳐 적은 것을 모두 보여주었다. 스마트폰을 열어 사진도 설명했다.

저녁을 먹고, 연두는 기사 쓰기에 매달렸다. 전기자동차 충전 방법을 찾아 적고, 지하 주차장에서 찍은 사진도 넣었다. 아파트 지하 주차장에 있는 모든 자동차 중 친환경자동차의 비율을 정리해 표도 만들었다.

"예상만큼 친환경자동차가 많지 않네!"

표를 지우고 충전기에 대한 자료를 찾아 넣었다. 기사를 다시 정리했다. 깔끔하게 정리한 기사가 마음에 들었다.

"벌써 10시 반이네."

세 시간을 꼼짝도 하지 않고 의자에 앉아 있었다. 어깨가 뻐근하고 머리가 무거웠다. 게다가 눈꺼풀도 조금씩 내려왔다.

연두는 기지개를 켜며 침대에 앉았다. 자기도 모르게 쓰러져 잠이 들었다.

다음날, 연두는 집에 오자마자 책상에 앉았다. 컴퓨터를 켜고 교재를 왼쪽에 놓았다. 엄마가 간식을 방으로 가져왔다.
"이번에는 기사를 꽤 오래 쓰네?"
엄마가 접시를 놓으며 컴퓨터 화면을 보았다.
"빨리 끝내고 또 써야 해요."
연두는 얘기하면서도 화면에서 눈을 떼지 않았다.
"간식 먹으면서 천천히 해."
엄마가 다정하게 말하면서 방문을 닫았다.
저녁을 먹기 전, 연두는 마지막 문장을 멋지게 끝냈다. 하늘을 날아갈 듯 몸이 가벼웠다. 저녁을 먹고 다시 읽어 보니, 아쉬운 곳이 있었다. 전기자동차의 단점을 취재하면서 단 한 명에게만 물어봤기 때문이다. 그냥 넘어갈까 생각해봤지만, 양심이 허락하지 않았다. 공모전 접수까지 며칠 여유가 있었다.
"내일 몇 명 더 만나 보고 기사를 마무리하자."
혼자 다짐을 하면서 침대에 누웠다.

다음날, 연두는 집에 오자마자 지하 주차장으로 내려갔다. 1시간 넘게 기다렸지만, 아무도 만날 수 없었다. 정신없이 이곳저곳 뛰어다니다가 자동차 앞 유리에 적힌 전화번호를 보았다. 한없이 기다리는 것보다 전화를 걸어 물어보는 게 더 빠를 것 같았다. 스마트폰을 들었지만, 전화번호를 보고도 손가락이 마음대로 움직이지 않았다. 낯선 사람에게 먼저 전화를 거는 게 어색했다.
　"문자를 보내봐?"
　잠시 망설이다가 문자 창을 열었다.

문자를 보냈지만, 바로 연락이 오지 않았다. 다른 자동차에 적힌 번호로 문자를 또 보냈다. 이번에는 답장 대신 전화가 걸려 왔다. 공손하게 몇 가지 물어봤지만, 이틀 전 아주머니가 했던 말과 크게 다르지 않았다.

연두는 충전기 주변을 돌아다니며, 전화번호 몇 개를 더 적고 집으로 올라왔다. 한 시간 넘게 지하 주차장에서 돌아다녔더니 다리도 아프고 목도 말랐다.

저녁을 먹고 방으로 들어왔다. 문자가 왔는지 스마트폰 램프가 깜빡거렸다. 문자를 보고 기사를 마무리했다. 답을 보낸 다섯 명 모두 불편한 점이 같아 내용을 바꿀 필요가 없었다. 종이로 인쇄해서 기사를 다시 한번 보았다.

"오! 좋은데."

9월 15일 토요일 밤, 연두는 10시쯤 컴퓨터를 켰다. 참가 접수는 토요일에도 할 수 있지만, 기사 등록은 일요일부터 가능했기 때문이다.

마지막으로 기사를 한 번 더 살펴보고 공모전 홈페이지에 들어갔다. 자신 있게 참가 신청 버튼을 눌렀다. 학교, 학년, 이름 등 개인정보 입력창이 나왔다. 차례로 쓰고 나자, 애칭을 넣는 창이 떴다.

"김 기자라고 할까? 김 기자는 너무 평범하지? 히히!"

김 씨라서 김 기자라고 쓰면, 눈에 잘 띄지 않을 것 같았다. 김 씨가 하나둘도 아니고, 조금 특별한 애칭을 쓰고 싶었다. 한참을 고민하면서 생각나는 이름 몇 개를 종이에 적었다.

"그래. 이게 좋겠어."

연두는 '오즈의맙소사!'로 애칭을 정해서 기사를 올렸다. 곧바로 "축하합니다. 접수되었습니다. 오즈의맙소사!님의 멋진 기사를 기대합니다."라는 창이 떠올랐다.

컴퓨터 화면 아래에 있는 시계를 보았다. 10시 24분이었다. 연두는 11시 59분까지 기다렸다가, 12시 '땡'하고 지나자 기사를 복사해서 공모전 게시판으로 옮겼다. 접수번호 1번이었다.

스마트폰으로 화면을 찍어 학교신문 동아리방으로 보내려다가 잠시 머뭇거렸다. 너무 늦은 시간이었다. 게다가 1등으로 냈다고 자랑하는 것 같아 눈치가 보였다.

연두가 쓴 기사

이제는 우리가 전기차를 탈 시간

　자동차가 움직일 때, 온실가스를 배출해요. 화석연료를 태우기 때문이에요. 온실가스는 마치 담요처럼 대기를 덮어 지구 온도를 높이죠. 대기 온도가 올라가면, 빙하와 만년설이 녹고, 바다가 불어나 육지가 물에 잠겨요. 이뿐만이 아니에요. 폭염, 가뭄, 홍수 같은 이상기후도 지구온난화 때문이에요.

　지금도 우리 주변에는 화석연료를 사용하는 자동차가 너무 많아요. 세계 인구가 점점 늘어나면서 자동차는 더 늘어날 거예요.
　이제 우리는 온실가스 배출을 줄이기 위해 화석연료를 사용하는 내연기관 자동차를 줄이고, 전기자동차(Electric Vehicle, EV)를 더 늘려야 해요. 전기자동차는 달릴 때도 온실가스 배출을 전혀 하지 않거든요.
　전기자동차는 배터리에 저장한 전기를 사용해 모터를 돌려 움직여요. 경유, 휘발유 같은 화석연료를 전혀 사용하지 않아 달릴 때 온실가스 배출을 전혀 하지 않아요.

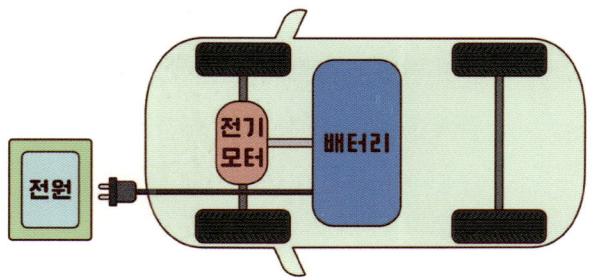

전기자동차의 구조

아직도 우리 주변에는 전기자동차가 많지 않아요. 전기자동차가 아직 비싸고, 충전하는 데 시간이 오래 걸리는 단점이 있거든요. 전기자동차가 비싼 이유는 배터리에 들어가는 비싼 희귀금속 때문이에요. 배터리 가격이 자동차 가격의 약 1/3 정도가 될 만큼 매우 비싸거든요.

전기자동차 충전은 꽤 오래 걸려요. 급속 충전소 숫자가 많지 않아, 대부분 완속 충전소를 이용해요. 초록별아파트에서 만난 전기차 운전자 대부분 충전 시간이 너무 길다는 것을 단점으로 꼽았어요.

급속 충전기

- 완전 방전 상태에서 80% 충전까지 약 30분 소요
- 고속도로 휴게소, 공공기관 등에 설치
- 고용량 전력을 공급하기 위해 주로 100Kw급 설치
- 사용요금은 100km당 2,700원 정도

- 완전 방전 상태에서 완전 충전까지 4~5시간 소요
- 주택, 아파트 단지 등에 설치
- 약 6~7kW급의 충전기를 설치
- 사용요금은 100km당 1,100원 정도

완속 충전기

전기자동차를 타면, 온실가스 문제를 해결할 수 있을까요? 아닙니다. 전기자동차를 타는 것보다 자동차 이용을 줄이는 것이 더 중요합니다.

가까운 거리는 걷거나 자전거를 타고, 먼 거리는 대중교통을 이용하는 것이 좋아요.

매일 1.5km 이내 거리를 걸어 다니면, 온실가스 배출을 많이 줄일 수 있어요. 무려 1년간 31.5kg의 탄소를 줄일 수 있거든요.

교통수단별 탄소 배출량(1km 이동 기준)

조금 먼 거리는 대중교통을 이용하는 게 좋아요. 대중교통을 이용하면 1년간 285.45kg의 탄소를 줄일 수 있기 때문이에요. 또한 자전거는 온실가스 배출을 전혀 하지 않아요.

우리가 이렇게 노력하면, 온실가스 배출을 줄이고, 지구온난화를 막을 수 있어요. 탄소중립을 위해 우리 함께 노력해 봐요!

삐딱한 댓글

수업이 끝나자 슬비와 연두는 4층 동아리방으로 향했다.
"야, 네 글이 1번이던데? 기다렸다가, 12시 '땡'하고 올린 거야?"
"맞아. 너도 기사 잘 쓰고 있지?"
"아니. 아직 엉망이야. 내 거 좀 봐줘."
"알았어."
연두가 얘기하면서 동아리방 문을 열었다. 5, 6학년 아이들이 회의 탁자 앞에 모여있었다.

"오! 접수번호 1번."

6학년 남자아이가 연두를 보며 엄지손가락을 세워 올렸다. 모두 기다렸다는 듯 연두 주변으로 몰렸다.

"야, 너 취재 잘했더라? 제법인데! 그래서 내가 '좋아요'를 꾹 눌렀지."

6학년 여자아이가 연두에게 다가오며 말을 걸었다.

"맞아요. 잘 썼죠? 저도 눌렀어요."

슬비도 손뼉을 치며 흥을 돋웠다.

"물 들어올 때 노 저어야지. 몇 개 더 써버려. 빨리 쓰고 많이 쓰면, 1등 할 확률이 높잖아. 연두 파이팅!"

남자아이가 얘기하고는 팔을 벌려 노 젓는 시늉을 하였다. 모두 어설픈 노 젓기를 보고 소리 내며 웃었다.

"너 다음 기사는 조금 천천히 내. 알았지? 난 아직 한 줄도 못 썼어."

남자아이가 눈웃음치면서 연두에게 애원하듯 매달렸다.

"알았어요. 다음 기사는 천천히 쓸게요."

민기가 문 앞에서 아이들 얘기를 듣고 걸음을 멈췄다. 창가로 걸어가 스마트폰을 얼른 꺼냈다. 공모전 홈페이지에서 1번 게시글을 찾았다. 지금까지 올라온 기사는 3개밖에 없

었다.

"'오즈의맙소사!'가 연두야?"

민기가 눈을 크게 뜨고 연두 기사를 살폈다. 댓글도 몇 개 있고, 좋아요와 조회수가 꽤 많았다. 자기도 모르게 얼굴이 화끈 달아올랐다. 같은 학년인 연두가 제일 먼저 기사를 썼다는 게 믿기지 않았다. 기사 내용도 꽤 좋았다.

"단체 대화방에는 언제 올렸지?"

혹시나 하면서 단체 대화방을 열었다. 일요일 낮에 연두가 기사를 제출했다고 적었다. 연두 글 뒤로 엄청나게 많은 대화가 오고 갔다.

"맞네. 점심 먹고 잠 온다고 잠깐 게임하는 동안 이렇게 많은 대화가 올라와서 못 봤네."

민기는 크게 한 번 숨을 쉬고 문을 열었다. 아무 일 없다는 듯 태연한 표정을 지었지만, 어딘가 남아있는 어색함까지 지울 수 없었다.

"안녕."

목소리마저 어눌했다. 민기는 모른 척하며 안으로 들어갔지만, 아무도 민기를 보지 않았다. 민기는 당황한 듯 주춤거리다가 고개를 돌렸다. 4학년 모둠 방도 텅 비어 있었다. 연두 쪽으로 다시 고개를 돌렸다. 모두 연두 주변에 모여 오손도손 얘기를 나누며 웃음꽃을 피웠다.

민기는 모둠 방으로 갈까, 무리로 갈까 잠시 고민하며 망설였다. 아무리 생각해도 무리 속에 낄 자신이 없었다.

"여기서 뭐 해?"

정 선생이 들어오다가 민기 어깨를 툭 치며 지나갔다. 모두 선생님을 보고는 얘기를 멈추었다. 정 선생은 연두를 보면서 미소를 지었다. 동아리방에 오기 전, 공모전 홈페이지에 들어갔다가 연두 기사를 보았다. 칭찬해주고 싶었지만, 여러 아이 앞이라 아무 말도 할 수 없었다.

"잠시 여기로 모여!"

정 선생이 회의 탁자 앞에 서서 박수를 치자, 아이들이 각자 자리에 앉았다.

"97호 신문 기사는 9월 24일 월요일에 마감하겠습니다. 4학년은 운동회 취재를 맡았죠? 각자 맡은 종목별로 미리 계획을 세우세요."

정 선생은 학년별로 다음 신문에 쓸 기사를 꼼꼼히 물어보고는 편집회의를 간단히 끝냈다.

아이들이 각자 모둠 방으로 흩어지자, 정 선생이 일어

나 창가로 걸어갔다. 제자리 걸음으로 책장을 살피다가 두툼한 책 한 권을 빼 들었다. 민기가 고개를 돌리다가 선생님을 보았다.
'맞다, 책.'
며칠 동안 기사를 쓰기 위해 인터넷을 헤집고 다녔지만, 기삿거리를 찾지 못했다. 환경 책을 보면 기삿거리를 찾을 수 있다는 생각이 들었다.
정 선생이 나가자, 아이들이 다시 모여 수다를 떨었다. 민기는 나가려다가 5, 6학년 얘기에 잠시 귀를 기울였다. 모두 공모전 기사에 대해 고민하면서 잡담을 늘어놓았다. 서로 경쟁자인 듯 자기가 쓸 기사에 대해서는 말을 아꼈다.

민기는 가방을 챙겨 동아리방을 빠져나왔다. 2층 도서관까지 곧장 달려갔다.
"안녕하세요."
민기가 수줍게 인사하며 안으로 들어갔다.
"민기, 오랜만이네."
민기는 입구 쪽부터 책을 살폈다. '문학' 팻말이 붙은 책장에는 동화책이 많았다. 책장을 따라 천천히 앞으로 걸었다. '과학' 팻말을 지나고, '환경' 팻말을 보았다.
"여긴가?"
이쪽저쪽 고개를 돌리며 책을 찾았다. 책이 너무 많아 쉽게 고를 수 없었다. 입구 쪽에서 웅성거리는 소리가 났

다. 민기는 슬그머니 주변을 살폈다.

"휴! 다행이네."

기자단 아이들이 아니었다. 민기는 다시 집중해서 책을 살폈다. 평소에 환경 책을 거의 읽지 않아 어떤 것을 골라야 할지 알 수 없었다. 한참을 망설이다가 사서 선생님에게 다가갔다.

"선생님, 환경 책 몇 권만 추천해 주세요."

"환경 책? 갑자기 환경 책을 많이 빌리네."

"정말요!"

민기가 얼굴을 찌푸리며 어깨가 축 늘어졌다. 물어보지 않아도 누가 빌리러 오는지 상상할 수 있었다.

"걱정하지 마. 오늘 들어온 새 책이 있어. 민기, 너한테 제일 먼저 빌려줄게."

"네. 감사합니다."

민기 표정이 다시 밝아졌다. 민기는 책 다섯 권을 빌려 가방에 넣었다. 아무도 보지 않은 새 책을 누구에게도 보여주고 싶지 않았다.

민기는 집에 가자마자 책을 펼쳤다. 엄마가 챙겨준 간식도 대충 먹었다. 마음이 급했다. 공모전 시작은 어제부터였다. 경쟁자인 연두가 벌써 기사를 제출했다. 지금 당장 기사를 써내도 불리하다는 생각이 머릿속에서 사라지지 않았다.

마음이 급했던지 첫 책은 읽어도 무슨 말인지 이해가 잘되지 않았다. 게다가 책을 읽으면서 몇 번이나 공모전 홈페이지에 들어갔다. 연두 기사에 댓글이 또 달렸는지, 조회수가 얼마나 늘었는지 궁금했다.

"아이스크림 먹을래? 무슨 책 봐?"

형이 문을 열면서 아이스크림을 들고 들어왔다.

"환경 기사 공모전에 기사 내려고."

"진짜?"

민기 형은 환경에 관심이 많았다. 게다가 3년 전에 환경 기사 공모전에서 1등을 했다.

"형, 기사 쓰는 거 좀 도와줘."

민기는 아이스크림 포장지를 뜯으며 형을 물끄러미 바라보았다.

"상 받으려면, 빨리 써야 유리한데."

"맞아. 우리 학교 4학년이 기사를 1등으로 냈어."

"뭐, 4학년이?"

"이것 좀 봐."

민기가 컴퓨터 화면을 가리켰다. 형은 연두 기사를 천천히 읽었다.

"잘 썼네. 그런데 몇 개 고쳤으면 좋겠어. 기사란, 좋은 것과 나쁜 것을 모두 보여주면서 객관적으로 써야 하는데, 이 기사는 좋은 것만 너무 강조했잖아. 다양한 관점에서 바라봐야 독자가 제대로 알 수 있지. 여기 마지막 부분도 조금 이상해. 이건 사실로 보기에는 조금 무리가 있어. 아쉽지만, 4학년이 이 정도 썼다면 아주 훌륭해!"

민기는 형 얘기를 듣다가 몇 개 고쳤으면 좋겠다는 말이 귀에 쏙 들어왔다.

"어디를 고치면 좋겠어? 또 이상한 곳은 어디야?"

민기가 눈을 크게 뜨며 다급하게 물었다.

"잠깐만."

형이 연두 기사를 인쇄하면서 빨간펜을 들었다. 민기가 형 옆으로 바짝 붙어 앉았다. 형은 연두 기사를 책상에 놓고, 하나하나 짚으며 설명했다.

2022년 기준으로 친환경자동차는 100% 친환경이 아니었다. 발전소에서 사용하는 원료 중 화석연료가 많기 때문이었다.

"정말이야?"

단위 : TWh

	원자력	석탄	천연가스	신재생	기타	계
2022년 발전량	176.1	193.2	163.6	53.2	8.4	594.4
비중	29.6%	32.5%	27.5%	8.9%	1.4%	100%

민기가 깜짝 놀라며 형을 바라봤다.

"자, 여기를 한번 볼래?"

형은 '대한민국 에너지 믹스' 홈페이지에 들어갔다. 우리나라에서 전기를 만들 때, 사용하는 모든 원료가 나왔다. 석탄, 천연가스 같은 온실가스를 배출하는 화석연료가 약 60%였다.

"형, 이게 사실이야! 온실가스를 배출하지 않는 신재생에너지가 8.9%밖에 안 돼?"

민기가 화면을 보면서 깜짝 놀란 듯 혀를 내둘렀다.

"직접 보고도 못 믿겠어? 전기를 만들 때, 온실가스 배출이 많아. 전기 사용이 늘어나면, 온실가스 배출이 동시에 늘어나지. 신재생에너지 발전 비중을 늘리고, 전기자동차가 늘어나야 온실가스 배출을 줄일 수 있어. 내 생각에는 여기 '지금 전기자동차가 진짜 친환경일까?'라는 소제목 하나 넣고, 이 표를 넣으면 어떨까?"

형은 얘기하면서 연두 기사에 빨간 글씨를 적었다.

형은 자동차별로 정리한 온실가스 배출량 자료를 찾아 또 보여주었다.

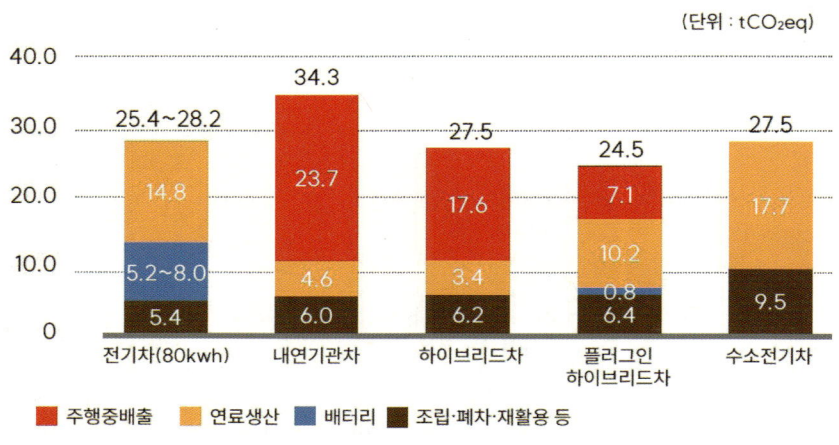

자동차 제조부터 폐차까지 발생하는 온실가스 배출량

구분	합계	연료생산 + 주행		자동차 제조, 폐기 및 재활용	
		연료생산	주행중배출	배터리 제조	조립,폐차,재활용 등
전기자동차(40kWh)	22.8~24.2	14.8	-	2.6~4.0	5.4
전기자동차(80kWh)	25.4~28.2	14.8	-	5.2~8.0	5.4
내연기관차	34.3	4.6	23.7	-	6
하이브리드차	27.5	3.4	17.6	0.3	6.2
하이브리드차(플러그인)	24.5	10.2	7.1	0.8	6.4
수소연료전지차	27.5	17.7	-	0.3	9.5

"전 생애주기(LCA)?"

민기가 화면을 가리키며 물었다. 전 생애주기(LCA)란, 물건을 만들 때부터 폐기할 때까지를 조사하는 방법이었다. 형이 보여 준 자료에는 자동차 연료를 만들 때, 자동차가 달릴 때, 자동차를 만들고 폐기할 때까지 발생하는 온실가스 배출량이 있었다.

"형 말이 맞네. 연료가 없으면 자동차가 달리지 못하잖아. 결국 연료가 문제네. 화석연료로 만든 전기를 사용하면, 전기자동차가 아무리 늘어나도 소용이 없겠어."

민기가 자료를 보며 고개를 끄덕였다.

"이건 2022년 자료야. 전 세계에서 신재생에너지를 이용하여 만든 전기는 약 30% 정도 되지만, 우리나라는 신재생에너지로 만든 전기가 9%도 되지 않아."

"형, 나도 지금까지 친환경자동차가 무조건 좋은 줄 알았어. 왜 이런 사실을 지금까지 몰랐을까?"

"아마 광고 때문일 거야. 물건을 파는 회사에서는 좋은 것만 말하고, 나쁜 것을 숨기지. 그래야 물건을 사는 사람이 기업을 좋게 생각하잖아."

"맞네. 전기자동차가 달릴 때, 온실가스 배출이 거의 없잖아. 이것만 강조하고, 나쁜 건 전혀 알리지 않으니까 우리가 모를 수밖에 없네."

민기는 기분이 좋은지 생글생글 웃으며 고개를 끄덕였다.

형이 깜짝 놀라며 시계를 보았다. 연두 기사를 보고 설명하는 데 꽤 많은 시간이 흘렀다.

"벌써 6시네."

형이 얘기하면서 일어났다.

"형, 기사 뭘 쓸지 안 알려줘? 이것보다 더 잘 써야 하는데, 마음은 급하고, 쓸 건 없고. 미치겠어. 형, 도와줘."

"스스로 해야지. 공모전에 낼 거라면서. 나도 지금 수행평가 때문에 바빠."

민기는 형을 붙잡고 매달렸다. 하지만 형은 냉정하게 민기의 부탁을 거절했다. 대신 검색하는 기술을 알려주었다. 자료를 빨리 찾는 법, 자료가 사실인지 거짓인지 확인하는 방법 등을 자세히 알려주었다.

저녁을 먹으면서 형이 공모전 얘기를 꺼냈다.

"와! 우리 민기가 형 닮아서 글을 잘 쓰는구나."

"아직 뭘 쓸지 정하지도 못했어요. 너무 기대하지 마세요."

민기가 기어들어 가는 목소리로 얘기했지만, 엄마도 활짝 웃으며 민기를 응원했다.

민기는 조용히 밥을 먹고 방으로 들어왔다. 읽지 못한 책이 3권이나 남아있었다. 다시 책을 잡았다. 집중해서 책을 읽었지만, 형이 연두 기사에 적어둔 빨간 글씨가 눈에 자꾸 아른거렸다. 고개를 흔들며 공모전 홈페이지도 들어갔다. 형이 알려준 내용을 댓글로 남기고 싶었다. 하지만 자기 이름으로 남기면, 진실을 말하더라도 같은 학교 친구를 비난했다고 오해받을 수 있었다.

얼굴을 찌푸리며 고개를 세차게 흔들었다. 다시 책을 잡다가 형의 흔적이 남은 연두 기사를 보았다.

"맞네."

형이 적은 또렷한 글씨를 보자, 공모전 홈페이지에 형 아이디가 있을 것 같았다. 형도 3년 전까지 공모전에 참가했기 때문이다. 혹시나 하면서 형 아이디를 입력하고 비밀번호를 넣었다.

"딩동."

예상대로 형 비밀번호는 단순했다. 애칭도 '민혁짱'이었다. 형 아이디로 연두 기사에 댓글을 달고 싶었다.

"안 돼!"

고개를 흔들며 다시 책을 잡았다. 댓글을 달면 연두 기사에 찬물을 끼얹는 것 같았다. 하지만 틀린 것을 바로잡는 것은 나쁜 행동이 아니라고 생각했다.

　공모전 홈페이지에 자꾸 눈길이 갔다. 이름에 '민'자가 있어 왠지 모르게 찜찜했다. 민기는 형 애칭을 '민혁짱'에서 '추적60인분'으로 바꾸었다.

　형이 적어 준 종이를 보면서 연두 기사에 댓글을 적었다. 생각보다 글이 꽤 길었다. 연두를 비난하는 표현은 하나도 적지 않았다. 최선을 다해 사실만 적었다.

　다시 한번 댓글을 살폈다. 손가락 끝이 파르르 떨렸다.

　"정확한 사실을 알리는 게 더 중요하지. 혹시 누가 뭐라 하면 지우면 되잖아. 내 아이디도 아닌데, 누가 알겠어?"

　민기는 눈을 꼭 감고 입력 단추를 꾹 눌렀다. 새 댓글이라는 뜻으로 'NEW' 글씨가 반짝반짝 빛났다.

추적60인분을 찾아라!

일요일 아침, 슬비는 기사를 올리다가 깜짝 놀랐다. 연두 기사에 50개도 넘는 댓글이 달렸기 때문이다.

"꽤 많이 달렸네!"

혼잣말하면서 아래로 눈길을 옮겼다. 댓글을 보다가 '추적60인분'이 쓴 글을 보고 입을 쩍 벌렸다. 추적60인분이 쓴 댓글에 달린 댓글만 30개가 넘었다.

"댓글에 또 댓글이라니."

아래 댓글을 읽었다. 추적60인분을 칭찬하면서 연두 기사는 성의 없이 적은 글이라고 깎아내렸다. 추적60인분은 연두 기사에서 빠진 내용을 하나하나 찾아 분석한 글을 남겼다. 왠지 모르게 기분이 나빴다. 아래 댓글까지 모두 읽었다. 댓글 절반은 연두를 응원했지만, 나머지는 조롱과 비난이 넘쳐흘렀다.

"어떡하지?"

화면을 뚫어지게 쳐다보면서 잠시 고민했다. 연두에게 말할까 생각해보았지만, 얘기해서 알게 되면 기분이 더 나쁠 것 같았다.

시작은 '추적60인분'의 댓글이었다. 연두를 비난하지 않았지만, 이 글 때문에 이상한 댓글이 하나둘 꼬리를 물기 시작했다. 순수한 목적으로 글을 썼다는 생각이 들지 않았다.

"누구지?"

추적60인분을 찾고 싶어 작성자를 눌렀다. 영어 아이디가 나왔다. 'minhyukZZang2009'였다.

"민혁짱2009? 이름은 민혁이고, 2009년에 태어났다는 뜻인가?"

중얼거리며 손가락으로 나이를 헤아렸다. 2009년에 태어났다면 16살이었다. 이상했다. 공모전은 초등학생만 참가할 수 있었다.

"2009년이라면 중3인데, 여길 어떻게 들어왔지?"

슬비는 고개를 갸웃거리며 추적60인분이 쓴 글을 모두 찾아보았다. 목요일 밤에 적은 댓글 딱 하나뿐이었다.

"도대체 누구야?"

화가 나서 참을 수 없었다. 추적60인분이 남긴 댓글과 지금까지 찾은 자료를 모두 인쇄하고, 벌떡 일어나 거실로 나갔다. 시원한 물이라도 먹어야 답답한 마음이 뻥 뚫릴 것 같았다.

월요일 아침, 슬비는 일어나자마자 공모전 홈페이지에 들어갔다. 댓글 2개가 더 달렸다. 연두를 응원하는 글이라 다행이었다. 슬비는 쉬는 시간에도, 점심시간에도 연두에게 댓글 얘기를 하지 않았다. 오늘따라 연두 얼굴이 더 창백했고 말도 없었다. 슬비는 평소와 다른 연두를 보면서 댓글에 대해 이미 알고 있다고 짐작했다.

수업이 끝나고 둘은 신문 동아리방으로 향했다. 슬비는 천천히 걸으면서 연두 표정을 살폈다. 동아리방에 가까이 갈수록 가슴이 두근두근 뛰었다. 댓글을 본 아이들이 무심코 아무 말이나 뱉어내면 연두가 상처받을 수 있기 때문이었다.

문을 열기 전부터 안이 소란스러웠다. '추적60인분'이라는 단어가 문틈으로 새어 나왔다. 슬비가 세차게 문을 열면서 큰 소리로 인사했다. 아이들은 둘을 보며 약속이나 한 듯 입을 꾹 다물고 순식간에 흩어졌다.

슬비는 4학년 모둠 방으로 들어가 의자에 앉았다. 4학년 여자아이가 들어오면서 연두에게 인사했다. 서로 밝은 목소리로 인사했지만, 둘 다 어색한 표정이었다.

"너 봤지?"

슬비가 연두 어깨를 슬쩍 밀면서 귓속말하듯 작은 소리로 물었다. 연두가 말없이 고개를 끄덕였다.

"너무 신경 쓰지 마. 난 네 편이야."

"고마워."

연두가 짧게 대답했다. 잠시 침묵이 흘렀다.

슬비가 눈치를 살피다가 조심스럽게 댓글 얘기를 시작했다. 댓글을 쓴 사람의 아이디가 '민혁짱'이며, 댓글 외 어떤 글도 없다는 사실을 얘기했다.

민기가 모둠 방을 들어오다가 대화 속 '민혁'이라는 말에 깜짝 놀랐다. 게다가 슬비가 '추적60인분'을 찾는다는 얘기를 듣자, 이마에 땀이 흐르고 표정이 굳어졌다.

'어쩌지? 지금 지울 수도 없고.'

생각보다 일이 커졌다는 생각이 들었다. 민기는 크게 숨을 한번 쉬고 불안한 마음을 가라앉혔다. 4학년 모둠 방으로 들어갔다. 슬비가 민기에게 손을 흔들며 먼저 인사했다. 민기는 인사하면서도 표정이 어색했다. 죄를 지은 사람처럼 눈빛이 불안하게 흔들렸다. 낯선 곳에 온 사람처럼 자기 자리를 두고 엉뚱한 곳에 앉았다.

"덥니?"

슬비가 민기를 보며 말을 툭 던졌다.

"아, 아니."

민기가 말을 더듬었다.

"이마에 땀 봐?"

"땀? 여, 여기까지 뛰, 뛰어왔어."

민기가 깜짝 놀라며 손을 들어 땀을 훔쳐냈다. 뭔가 숨기는 것이 있는 듯 땀을 닦으면서도 고개를 들지 못했다. 그때였다. 슬비 머릿속에 뭔가 빠르게 스쳐 지나갔다. 민혁과 민기, 혹시 형제일 수도 있다는 생각이 들었다.

정 선생이 방으로 들어왔다.

"어, 4학년은 한 명 빠졌네. 경수한테 내가 연락해 볼게. 오늘은 97호 신문에 올릴 기사 정리해서 모두 내. 오늘 마감이야."

정 선생이 급하게 얘기하고 나가자, 슬비는 고개를 끄덕이며 미소를 지었다. 선생님에게 민기 형에 대해 물어보면 금방 알 수 있다는 생각이 들었다.

민기를 보자, "민혁이 누군지 아니?"라는 말이 목구멍까지 올라왔다. 슬비는 주먹을 쥐며 꾹 참았다. 슬비는 기사를 적으며 곁눈질로 민기를 살폈다. 이번 기사는 자료가 많아 쓰기 편했다. 적당한 사진 몇 장을 골라 내용만 적으며 간단히 끝낼 수 있었다. 슬비는 기사를 빨리 적고 자리에서 일어났다.

"연두야, 가지 말고 잠깐 기다려."

슬비가 연두를 보고 다정하게 얘기했다.

"왜?"

"4시에 삼촌 만나기로 약속했어. 같이 가자. 혼자 가면 빙수 못 먹어."

슬비 삼촌은 녹색환경신문 기자였다. 슬비가 환경 공모전 기사에 대해 쓸 게 없다고 고민할 때, 엄마가 삼촌에게 연락해서 약속을 잡았다. 슬비는 사실대로 말하려다가 빙수 얘기만 꺼냈다. 공모전 얘기를 꺼내면 연두 기분이 더 나빠질 것 같았다.

"빙수?"

빙수라는 말에 꽁꽁 얼었던 연두 얼굴이 사르르 녹았다. 빙수라면 자다가도 일어날 만큼 빙수를 좋아했지만, 오늘은 몸도 마음도 편하지 않았다. 연두는 고개를 흔들며 슬비를 물끄러미 쳐다보았다. 슬비가 연두 옆으로 잽싸게 다가왔다.

"같이 가자. 혼자 가면 비싸다고 안 사주신단 말이야. 알았지. 같이 가는 거다."

슬비가 애원하듯 얘기하자 연두가 할 수 없다는 듯 고

개를 끄덕였다. 슬비는 새끼손가락을 걸고 몇 번을 다짐 받고 모둠방에서 나갔다.
 민기가 슬쩍 고개를 돌려 밖을 살폈다. 슬비가 기사를 내고 돌아올 시간이 이미 지났기 때문이다.

 슬비는 기사를 내고 선생님에게 4회 대회에서 누가 1등 했는지 물었다.
 "민기 형이잖아?"
 "형 이름이 뭔지 알 수 있어요?"
 "민기한테 물어보면 되잖아."
 "민기가 기사를 열심히 쓰는데, 형 얘기하면 공모전에 부담가질 수도 있잖아요."
 "아, 그렇구나. 민기 형 이름은 민혁이야. 이 민 혁."

"네, 감사합니다."

태연하게 대답했지만, 목소리가 떨렸다. 슬비가 잽싸게 인사하며 몸을 돌렸다. 저절로 한숨이 나왔다. 꼬인 실타래 하나가 풀리는 느낌이 들었다. 지금 당장이라도 민기에게 따져 묻고 싶었다. 하지만 연두와 상의하는 게 먼저라는 생각이 들었다. 슬비는 태연한 척 표정을 지으며 4학년 모둠 방으로 걸어갔다.

"다 썼니?"

슬비가 문 앞에 서서 연두에게 얘기했다. 연두가 고개를 끄덕이며 가방을 들었다. 슬비는 민기를 슬쩍 쳐다보면서 입술을 곱씹었다. 뭔가 할 말이 있다는 표정이었다. 민기는 슬비와 눈이 마주치자 바로 고개를 숙였다.

교문을 나가면서 슬비가 마음 깊은 곳에 꼭 숨겨놨던 얘기 보따리를 풀었다.

"민기 형이 민혁이야."

"진짜!"

"더 있어."

"뭔데?"

슬비는 알파벳 민혁 뒤에 붙은 숫자 2009에 대해 말했다.

4회 공모전에서 1등 한 학생이 6학년이라면, 태어난 해가 2009년이었다.

"2009년생 이민혁이라면, 민기 형일 확률이 꽤 높아. 그런데 이민혁이 진짜 했을까?"

슬비는 탐정이라도 된 듯 차분하게 얘기하며 천천히 걸었다.

"왜?"

"오늘 민기 행동이 이상했어. 동아리방이 꽤 시원했잖아. 그런데도 땀을 흘리고 말을 더듬었어."

"맞아. 평소에 까불거리던 애가 오늘 너무 조용했잖아. 장난도 안 치고."

"그렇다면 민기가 직접 했거나, 아니면 민혁이 하는 것을 민기가 봤다는 얘기네. 어때, 내 추리가?"

얘기하다 보니 빙수 가게 앞이었다. 슬비는 가방에서 수첩을 꺼내 지금까지 얘기한 것을 보여주었다. 일요일 오후, 공모전 홈페이지를 보면서 '추적60인분'에 대해 적어둔 자료였다.

"와! 이런 것까지 정리해놨어?"

"추리는 아무나 하니? 나 정도는 돼야지. 히히!"

슬비가 눈웃음을 치며 어깨를 으쓱거렸다. 어두웠던 연두 표정이 이제 환하게 밝아졌다.

"슬비야, 내일 민기한테 물어보자."

"알았어. 내가 물어볼게."

둘이 얘기하는데 삼촌이 쑥 끼어들었다.

"삼촌, 언제 왔어요. 놀랬잖아요."

"무슨 얘기를 하는데 몇 번을 불러도 대답을 안 하니?"

"삼촌, 안녕하세요."

연두가 고개를 숙이며 인사했다. 삼촌이 주차장으로 가면서 차에서 둘을 보았다. 창문을 열고 몇 번을 불렀지만, 둘은 못 들은 척 쳐다보지도 않았다.

"아, 지금 제가 추리소설 하나 멋지게 마무리했거든요."

"기사 쓸 거 없다고 하더니, 이제 포기하고 소설 쓰는 거야? 재미있겠는걸!"

셋은 넓은 탁자가 있은 곳에 앉았다. 삼촌이 주문하고 돌아왔다.

"삼촌, 이것 좀 보세요."

슬비가 가방에서 인쇄물을 꺼냈다. 연두 기사와 추적60인분의 댓글이었다. 슬비는 환경 기사 공모전에 관해 얘기하면서, 연두 기사와 댓글의 댓글까지 모두 말했다. 삼촌은 얘기를 들으면서 슬비가 가져온 인쇄물을 읽었다.

"기사도 잘 썼고, 댓글도 잘 썼네. 그런데 이 댓글, 초등학생이 쓴 거 맞아? 너무 잘 썼는데!"

"아직 확실하지 않아요. 지금, 이 댓글을 쓴 추적60인분을 추적하고 있어요."

"추적60인분을 추적한다고?"

"네. 우리 학교 4학년 남학생과 관계있는 것 같아요. 댓글 쓴 사람은 '민혁짱'이라는 아이디를 쓰고 있어요. 그런데 우리 학교 4학년인 이민기 형이 이민혁이거든요."

"민혁이 초등학생이야?"

"아뇨. 제 추리가 맞다면 민혁은 중학교 3학년이에요."

"글만 보고는 초등학생이 썼는지, 중3이 썼는지 잘 모르겠는 걸. 내용을 보면 중학생이 쓴 것 같지만, 어법, 맞춤법을 보면 초등학생 같아. 이 정도 썼다면, 아주 똑똑한 초등학생 같은데?"

"설마, 민기가?"

연두와 슬비가 깜짝 놀라며 동시에 얘기했다. 민기가 이렇게 똑똑하다고는 단 한 번도 생각해본 적 없기 때문이었다.

얘기를 하는 사이, 팥빙수, 수박 빙수, 망고 빙수가 나왔다.

"세 개나 시키신 거예요?"

연두가 빙수를 보고 입이 귀까지 올라갔다.

"삼촌은 팥이잖아. 우린 같이 나눠 먹자."

슬비가 수박 빙수, 망고 빙수를 가운데 놓고 숟가락을 찔러넣었다. 둘은 정신없이 빙수를 입에 넣었다.

그린워싱, 기후양치기의 장난

"슬비가 쓴 기사도 한번 볼까?"

삼촌이 팥빙수를 먹다가 노트북을 꺼냈다. 공모전 홈페이지에 들어가 슬비 기사를 찾았다. 기사에 사용한 애칭이 이름과 같아 쉽게 찾을 수 있었다.

"이거 맞지? 쓰레기도 자원이다! 맞지?"

"맞아요."

삼촌은 슬비 기사를 읽고, 다른 기사도 쭉 훑어보았다.

"잘 썼네. 그런데 이런 기사가 우리 환경을 바꾸는 데 진짜 도움이 될까?"

삼촌 얘기에 둘은 빙수를 먹다가 깜짝 놀라며 얼음이라도 된 듯 꼼짝도 하지 않았다.

연두는 친환경자동차에 관한 기사, 슬비는 재활용쓰레기에 관한 기사를 썼다. 삼촌은 두 사람이 쓴 기사의 가장 큰 문제점을 지적했다. 독자가 기사를 읽고 열심히 노력한다고 해도 대한민국의 탄소 배출량은 크게 줄어들지 않기 때문이었다.

"진짜요?"

"우리가 열심히 노력해도 달라지는 건 별로 없다고요?"

두 사람이 눈을 동그랗게 뜨며 차례로 물었다.

삼촌은 노트북을 돌려 공모전 홈페이지에 올라온 다른 기사를 보여주었다. 제목은 조금씩 달랐지만, 대부분 에너지 절약, 친환경 소비, 친환경 이동, 자원순환, 생태계 보호 같은 내용을 다루면서 우리가 열심히 노력해서 지구를 지키자고 강조했다.

"온실가스 배출량을 진짜 줄이려면, 우리가 아니라 기업이 노력하도록 만들어야 해!"

"기업요?"

"소비자가 화나면 무섭다는 걸 보여줘야 기업이 바뀌거든."

삼촌은 노트북 자판을 두드려 뭔가 찾더니 빙그레 웃으면서 화면을 보여줬다. 대한민국 온실가스 배출량 그래프였다.

"여기 자세히 봐. 기업에서 온실가스 배출이 많아. 가정에서 배출하는 양은 얼마 되지 않지."

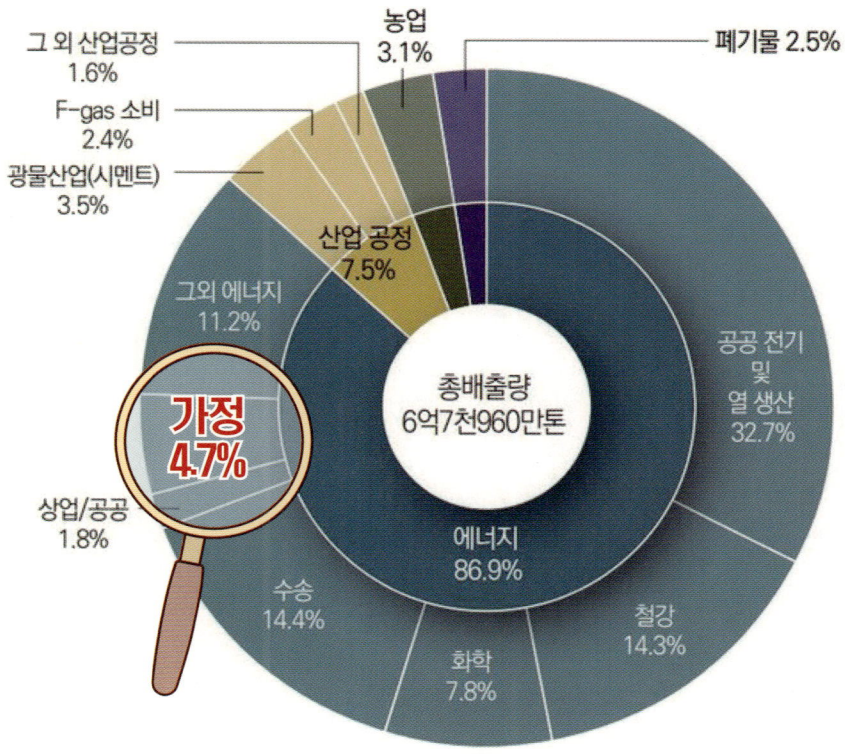

대한민국 부문별 온실가스 배출량 (2021년)

"맞네요. 4.7%밖에 되지 않아요."
연두가 화면을 보면서 얼굴을 찌푸렸다.
"이것도 한번 볼래?"
이번에는 대한민국 10대 기업의 온실가스 배출량이었다.

기업명	총배출량	국내 배출 비중(%)	자산 순위
한국전력	181,432,888	27.97	4
포스코	85,341,708	13.16	7
현대자동차	31,897,468	4.92	2
에스케이	28,350,752	4.37	3
지에스	20,774,157	3.2	9
삼성	19,013,885	2.93	1
엘지	16,439,837	2.53	5
한화	12,297,122	1.9	8
현대중공업	9,320,875	1.44	10
롯데	8,601,894	1.33	6

2020년, 대한민국 10대 기업 집단에서 배출한 온실가스 양만 해도 대한민국 온실가스 전체배출량의 약 2/3였다.
"1인 시위라도 할까요?"

슬비가 자료를 가리키며 화가 난 듯 큰 소리로 얘기했다.

"그건 별로 효과가 없어. 너희가 두 눈을 크게 뜨고 감시하면서 기업의 잘잘못을 알려야 해. 그래야 기업이 달라지지."

"어떻게요?"

"소비자가 왕이라는 말 들어봤지? 기업은 소비자가 원하는 상품을 만들려고 노력해. 소비자가 사지 않으면, 기업은 망하잖아."

'지구온난화'라는 대재앙을 막기 위해 많은 사람이 친환경 제품을 찾기 시작했다. 친환경 제품을 쓰면, 환경 파괴를 줄일 수 있기 때문이었다. 기업은 살아남기 위해 소비자가 원하는 친환경 제품을 만들어야 했지만, 문제는 돈이었다. 친환경 제품을 만들려면 돈이 더 들어갔다. 그렇다고 돈이 더 들어간 만큼 가격을 더 올리는 것도 쉽지 않았다. 비싼 제품은 잘 팔리지 않기 때문이었다.

"우리 아빠도 물건 살 때 가성비를 따지세요. 친환경인지 아닌지는 살피지 않는 것 같아요."

연두가 설명을 듣다가 차분하게 얘기했다.

"값이 싼데 친환경 제품이라면 어떨까?"

"바로 사겠죠."
"맞아. 진짜 친환경제품이라면 다행이지만, 진짜가 아니라면 어떻게 되지?"
삼촌은 둘을 바라보다가, '그린워싱'에 대해 말했다.

그린워싱이란, 녹색(green)과 세탁(washing)을 합친 단어이다. 실제 친환경이 아니지만, 상품이나 서비스를 친환경인 것처럼 홍보하는 '위장환경주의'를 뜻한다.

"공장 굴뚝에 녹색 페인트를 칠하면, 친환경이 될까?"
"아니죠. 그건 속이는 행위이잖아요."
"맞아. 이런 걸 그린워싱이라고 말하지."
"삼촌, 요즘 공장 굴뚝에 누가 녹색 페인트칠을 해요?"
"그렇지. 기업은 소비자를 속이기 위해 가면 갈수록 교묘한 수법을 사용해. 그래서 너희가 기업이 그린워싱을 어떻게 하는지 공부해서 찾아내 알려야 하지. 기사를 보고 그린워싱을 싫어하는 소비자가 늘어나면 기업은 고민하면서 진짜 친환경제품을 만들어내지 않을까?"
"정말요! 어떻게 하면 되는데요?"
연두가 입술을 깨물며 삼촌을 바라보았다.

"기업이 어떻게 소비자를 속이는지 알려줄게."

삼촌이 얘기를 하고는 가방에서 생수 두 병을 꺼냈다. 한 병은 라벨에 멸종위기종 동물을 귀엽게 그려놓았다. 다른 한 병은 라벨이 없는 생수였다.

"생수를 사려고 편의점에 왔어. 만약 가격이 같다면 둘 중 어떤 제품을 고를 것 같니?"

둘이 동시에 왼쪽 생수를 가리켰다. 삼촌이 이유를 물었다.

"동물 모양을 보고 친환경제품이라는 생각이 들었어요."

"멸종위기종을 보호하자는 문구를 보자, 이 회사가 환경에 관심이 많다고 생각했어요."

연두와 슬비가 차례로 대답했다.

"플라스틱 생수병이 친환경이니? 게다가 라벨도 비닐이 잖아."

"아, 맞네요."

슬비가 손뼉으로 무릎을 치면서 세차게 고개를 끄덕였다.

"이 회사는 생수를 만들어 파는 일을 하지. 진짜 환경을 생각한다면, 생수를 만들고 파는 과정에서 온실가스를 줄여야 해. 하지만 이 회사는 환경을 파괴하는 비닐에 동물 그림을 넣어 친환경으로 포장해서 제품을 만들었어."

"맞네요. 5초 전까지 이 생수가 진짜 친환경제품이라고

생각했어요."

 연두가 어이가 없다는 듯 입을 벌리고 고개를 마구 흔들었다.

 "혹시나 해서 내가 한 번 더 확인해봤어. 이 회사가 진짜 환경을 위해 노력하는데, 이런 거 하나로 오해하면 안 되잖아. 자, 이쪽으로 와봐."

 둘은 삼촌 옆에 딱 붙어 화면을 뚫어지게 쳐다보았다.

 삼촌은 생수 회사 홈페이지로 들어갔다. '지속가능보고서'를 찾아 열었다. 보고서에는 이 회사가 최근 3년 동안 배출한 온실가스양이 모두 나와 있었다.

단위 : tCO_2eq

2020	2021	2022
161,274	162,748	163,545

 "이 회사는 온실가스 발생량이 매년 늘었어. 제품을 만들고 운반하는 과정에서 온실가스를 줄이지 못했다는 뜻이지."

 "와! 진짜 너무하네요."

 "앞으로 이 제품은 사지 말아야겠어요."

 둘은 화가 난 듯 얼굴을 붉혔다.

"이런 사실을 알고도 이 제품을 사는 사람은 없을 거야. 대부분 속고 사는 거겠지. 생수 말고도 이런 제품은 많아. 이런 것을 찾아서 고발하는 기사를 쓰면, 이런 제품은 아무도 사지 않을 거야. 그러면 회사는 어떻게 변할까?"

삼촌이 연두를 보며 물었다.

"온실가스 배출을 줄이기 위해 진짜 노력하지 않을까요?"

"맞아. 기업이 최선을 다해 노력해야 대한민국 온실가스 배출량을 줄일 수 있어. 기업이 10%만 줄이면 대한민국 전체 배출량이 달라져. 그래서 기업을 감시하는 소비자 역할이 매우 중요하지."

삼촌은 얘기를 끝내고 자료 하나를 또 보여주었다. 기업이 어떻게 그린워싱을 하는지 분석한 자료였다. 그린워싱의 형태는 크게 4가지였다.

속이고, 헷갈리게 하고, 숨기고, 착한 척하는 방법을 많이 사용했다.

"이렇게 치사한 방법을 쓴다고요!"

"방금 본 생수는 착한 척하기 중에서도 '친환경으로 포장해서 제품 만들기'네요."

연두가 화면을 가리키며 경쾌한 목소리로 얘기했다.

■ 그린워싱의 형태

1. **속이기**
   ① 처음부터 끝까지 거짓말
   ② 가짜 환경 인증 마크(엉뚱한 인증 마크)로 속이기

2. **헷갈리게**
   ③ 근거 없이 친환경이라 우기기
   ④ 알쏭달쏭 헷갈리게 설명하기

3. **숨기기**
   ⑤ 단점을 숨기고 친환경 강조하기

4. **착한 척**
   ⑥ 지구를 사랑하는 척 연기하며 환경캠페인만 열심히 하기
   ⑦ 친환경으로 포장해서 제품 만들기

"맞아. 4가지로 나눠놨으니까 하나씩 찾아서 기사를 써보는 거야. 어때?"

삼촌이 환하게 웃으며 둘을 보았다. 하지만 둘은 곧바로 고개를 숙였다. 그린워싱의 의미는 알았지만, 그린워싱 제품을 찾는 건 쉽지 않아 보였다.

"삼촌, 어떤 제품이 있는지 더 알려주세요."

슬비가 삼촌에게 매달리며 애원하듯 얘기했다.

"돌아다니면서 부지런히 찾아봐. 생각보다 어렵지 않을 거야. 기사는 손으로 쓰는 게 아니라 발로 써야 해."

"이렇게요?"

슬비가 장난치듯 발을 들어 올렸다.

"삼촌, 그린워싱 제품을 찾고, 또 회사 홈페이지까지 들어가서 온실가스 배출량까지 찾아야 하는 게 어려워요."

"맞아요. 너무 어려워요. 우린 겨우 초등학교 4학년이거든요."

둘이 슬픈 표정을 지으며 푸념을 늘어놓았다.

"이게 어렵다고?"

삼촌이 얼굴을 찌푸리면서 입술을 깨물었다. 생각에 잠긴 듯 잠시 눈을 감았다. 아무리 생각해도 다른 방법이 없었다. 눈을 뜨면서 탁자 위에 올려둔 인쇄물을 보았다.

"아, 이 녀석 이름이 뭐라 그랬지? 추적60분인가?"

"아뇨. 추적60인분요."

"그래. 이 친구랑 같이 하면 좋겠네. 댓글 보니까, 자료도 잘 찾고, 분석을 꽤 잘하는 것 같던데."

"네?"

둘이 깜짝 놀라며 삼촌을 쳐다보았다.

"왜 별로야?"

"네. 우리 둘이 충분히 할 수 있어요."

연두가 얘기하면서 슬비를 보았다. 슬비가 오른손 주먹을 올리며 자신이 있다는 듯 고개를 끄덕였다.

"좋아. 그건 너희가 결정해."

그린워싱탐정단, 기후양치기를 잡아라!

점심을 먹고, 연두와 슬비는 민기를 찾아갔다. 민기를 만나 댓글에 대해 따져 물을 계획이었다. 민기가 교실로 오다가 둘을 먼저 보았다. 남자 화장실 안으로 얼른 숨었다.

'민혁을 벌써 찾은 거야?'

혼잣말하면서 거울을 보았다. 긴장했는지 얼굴이 화끈거렸다. 찬물에 세수하고 다시 거울을 보았다. 붉은 기운이 조금 옅어졌다.

'뭐라 얘기하지?'

어젯밤, 민기는 공모전 홈페이지에 들어가 형 아이디로 남긴 댓글을 지웠다. 연두를 비난하는 댓글이 많았고, 슬비가 민혁을 추적한다는 것이 마음에 걸렸기 때문이다. 댓글을 지우자 마음이 한결 가벼워졌다. 모른 척하며 발뺌할까 고민했지만, 사과하는 게 옳다고 생각했다.

민기는 숨을 크게 한번 쉬고 밖으로 나갔다.
"안녕."
어색하게 웃으며 연두와 슬비에게 먼저 인사했다. 웃는 얼굴에 둘은 당황했다.
"민기, 우리랑 얘기 좀 하자."
"지금?"
둘은 민기를 운동장 옆 작은 동산으로 데려갔다. 셋은 나무 그늘이 덮은 벤치에 마주 보고 앉았다. 슬비가 추적60인분에 관해 묻자마자, 민기는 곧바로 사과했다. 게다가 형 아이디를 몰래 사용한 것과 형 도움을 받아 댓글을 적은 것까지 모두 털어놓았다.
"혹시, 너도 그린워싱을 아니?"
연두가 민기를 보며 물었다. 추적60인분이 연두 기사에서 틀린 내용 모두를 지적했기 때문이다. 엄밀하게 얘기하면, 연두 기사 자체가 가짜 환경 뉴스였고, 댓글은 가짜 환경 뉴스를 바로 잡는 내용이었다. 연두 기사도 그린워싱이라면 그린워싱으로 볼 수 있었다. 어젯밤, 연두는 댓글을 보면서 틀린 내용을 기사로 낼 수 없다는 생각이 들었다. 잠시 망설였지만, 용기 내어 자기가 쓴 기사를 지웠다.

"아니, 그린워싱이 뭔데?"

민기 대답에 실망한 듯 둘은 한참 동안 바라보며 아무 말도 하지 않았다.

슬비가 그린워싱에 관해 설명했다. 다음 기사를 쓰려고 그린워싱에 관해 조사한다는 것도 말했다.

"그린워싱 좋은데! 나도 끼워줘. 기사 단 한 줄도 못 적었어. 책도 열심히 봤는데, 뭘 써야 할지 잘 모르겠어."

민기가 애처로운 표정을 지으며 부탁했다. 민기의 푸념은 여기서 끝이 아니었다. 형이 공모전 얘기를 꺼내는 바람에 엄마 아빠까지 민기가 공모전에서 상 받기를 기대했다.

"이제 부모님까지 기사 썼냐고 매일 물어보셔."

둘은 민기 얘기를 들으며 표정이 굳어졌다. 민기의 딱한 사정을 듣자 위로하고 싶은 마음이 생겼다.

"연두야, 나랑 둘이 얘기 좀 하자."

연못까지 걸으며 얘기했다. 둘은 민기를 끼워줄지 말지 상의했다. 어렵게 찾은 기삿거리를 민기와 함께 나눈다는 게 조금 꺼림칙했다. 하지만 온실가스 배출을 줄이기 위해 그린워싱 기업을 하나라도 더 찾고, 더 많은 사람에게 알리는 것이 꼭 필요하다고 생각했다.

"민기랑 같이하자. 둘보다 셋이 하면 더 많은 기사를 써서 세상에 알릴 수 있잖아."

"좋아."

슬비와 연두가 환하게 웃으며 민기에게 다가갔다.

"같이 하자! 이제부터 우리는 그린워싱탐정단이야!"

그린워싱 탐정단

속이기   헷갈리게   숨기기   착한척

연두가 큰 소리로 얘기하면서 손을 앞으로 내밀었다.

"탐정? 뭘 잡아야 하는데?"

슬비가 씩 웃으며 연두를 쳐다보았다.

"친환경인 척 거짓말하는 기후양치기를 잡아야지."

"기후양치기? 어, 말 되네. 그린워싱을 우리말로 바꾸면 기후양치기잖아."

슬비가 말을 하면서 손을 내밀었다. 민기가 마지막으로 손을 올렸다. 연두가 조곤조곤한 목소리로 구호를 먼저 말했다. 모두 한목소리로 "그린워싱탐정단, 기후양치기를 잡아라!"를 세 번 외쳤다.

슬비는 교실로 가면서 삼촌에게 받은 자료를 민기에게 전달했다.

"민기야, 집에 가서 자료 읽고 공부해. 내일 오전 10시, 우리 아파트 정문에서 보자."

토요일 오전, 그린워싱탐정단이 모였다. 셋은 혼자 돌아다니면서 조사하다가 12시에 학교 앞 분식집에서 모이기로 약속하고 각자 다른 방향으로 흩어졌다.

"저건가?"

연두가 가게 유리창에 붙은 종이를 보고 뛰어갔다. 출

발하기 전, 슬비가 한 말 때문이었다.

"빨리 찾는 비법 하나 알려줄게. 가게 유리창에 종이가 있으면 무조건 살펴봐. 거기에 '자연', '녹색', '친환경', '유기농' 같은 단어가 있으면 일단 멈추고 조사해야 해. 알았지!"

"이건 아니네."

고개를 저으며 다시 걸었다. 연두는 슬비가 한 말을 곱씹으며 곧게 뻗은 길을 따라 한참을 걸었다. 땀이 나고 목이 말랐다. 편의점을 찾다가 하늘별다방 앞에서 멈췄다.

"오늘따라 사람이 꽤 많네."

많은 사람이 음료를 사기 위해 줄을 서서 기다렸다. 긴 줄이 도로까지 이어졌다.

"선물을 주는 행사인가?"

연두는 매장 앞으로 천천히 걸어갔다. 유리창에 행사 포스터가 붙어 있었다.

하늘별다방 30주년을 축하해주세요!
일회용품 사용을 줄이기 위해 친환경캠페인에 동참해주세요!
오늘 단 하루, 30주년 기념컵에 음료를 담아드립니다.

하늘별다방 30주년을 축하해주세요!

일회용품 사용을 줄이기 위해 친환경 캠페인에 동참해주세요.

연두는 '친환경'이라는 글씨를 보고 주먹을 꼭 쥐었다.
"기념컵을 준다고? 어떻게 생겼지?"
연두가 혼잣말하면서 매장 입구로 걸어갔다. 진열장에 30주년 기념컵이 있었다. 바로 옆에 포스터가 있었다. 케익을 사면 30주년 기념 친환경 텀블러를 선물로 준다는 내용이었다.
"어!"
고개를 기웃거리다가 예쁜 컵을 보고 깜짝 놀랐다. 친환경행사인데 플라스틱으로 만든 컵에 음료를 담아 주었다.
"친환경 캠페인을 하면서 플라스틱 컵을 주다니!"
연두는 스마트폰을 들고 컵과 포스터를 찍었다. 순간, 며칠 전 참여했던 로미오제과의 환경캠페인이 떠올랐다. 로미오제과가 진짜 친환경을 위해 노력하는지, 환경 캠페인만 열심히 하는지 궁금했다.
사람들에게 다가가 이곳에서 음료를 사는 이유를 물었다.
"이왕 먹을 거라면, 일회용 컵을 줄이는 환경 캠페인에 참가하면 좋잖아."
"30주년 기념 친환경 텀블러를 선물로 주잖아."
대부분 이런 생각으로 음료를 구입했다. 연두는 수첩을

꺼내 하늘별다방에서 보고 들은 것을 모두 적었다.

연두는 헷갈렸다. 환경을 지키기 위해 왜 이런 행사를 하는지 이해가 되지 않았다. 게다가 텀블러를 받기 위해 필요 없이 음료를 몇 잔씩 사는 것도 환경을 위해 옳지 않다는 생각이 들었다.

슬비는 대형할인점으로 가서 지하에 있는 식품 파는 곳부터 훑었다. 물건은 많았지만, 포스터는 볼 수 없었다. 에스컬레이터를 타고 위로 또 올라갔다. 옷, 가구, 그릇을 보면서 3층까지 올라갔다. 3층에는 전자제품을 팔았다.

"이제 더 올라갈 곳도 없는데."

벌써 1시간이 지났다. 마음이 급했다. 뭔가 하나를 찾고 학교 앞까지 가려면 시간이 빠듯했다. 에어컨 앞에 포스터 한 장이 붙어 있었다. 사막에서 오아시스를 찾은 듯 기뻤다. 조심스럽게 에어컨 판매장으로 들어갔다.

친환경 R32 냉매!
기존 R410 냉매보다 지구온난화지수가 낮은 R32 냉매를 사용하여 탄소 배출량을 최대 85만 톤 절감할 수 있어요! (축구장 약 11.5만 개 넓이의 소나무 숲이 탄소를 흡수하는 것과 같은 효과)

무슨 말인지 몰라도 '친환경'이라는 단어가 찝찝했다. 포스터 사진을 찍었다. 두 눈을 크게 뜨고 포스터를 다시 보았다. 곰곰이 생각해보니, 앞뒤가 안 맞는 말이었다.

에어컨은 다른 전자제품보다 전기 사용량이 많다. 전기를 많이 쓰면 온실가스가 더 많이 나온다. 그런데 이 에어컨을 쓰면 전기 사용량이 줄어들고, 온실가스 배출량도 줄어든다고 설명했다. 에어컨을 사용하는데 축구장 11.5만 개 넓이만큼의 소나무 숲에서 탄소를 흡수하는 것과 같은 효과가 발생한다는 게 이상했다.

"이건 거짓말이잖아."

슬비는 짜증을 내면서 고개를 흔들었다. 에어컨 옆에 R32 마크가 붙어 있었다.

"이건 또 뭐지?"

마크 아래 깨알같이 작은 글씨로 "R32 마크는 샛별전자에서 만든 친환경마크입니다."라고 적혀있었다. 앞에서 자랑하고 뒤로 가서는 변명을 늘어놓는 꼴이었다.

삼촌이 준 자료가 생각났다. 나라에서 인정한 친환경마크가 아닌 엉뚱한 마크를 달아 소비자를 속이는 방법이었다. 슬비는 R32 마크도 찍었다.

민기는 길을 걷다가 기름을 싣고 주유소로 들어가는 유조차를 보았다.

"쏘쏘오일에서 설마……?"

지금까지 화석연료를 태우면 온실가스가 발생한다는 말을 귀가 따갑도록 들었다. 주유소 같은 곳에서 친환경 캠페인을 한다는 것은 상상도 할 수 없었다. 노란 간판이 걸린 주유소 앞을 지나다가 유리창에 붙은 포스터를 보았다.

"설마!"

걸음을 멈췄다. 눈치를 보며 도둑고양이처럼 살금살금 다가가 잽싸게 사진을 찍고 도망치듯 나왔다. 주유소 앞에서 서성거리다가 주유소 직원과 마주치고 싶지 않았다. 가로수 밑에서 사진을 보았다.

푸른 초원과 파란 하늘 배경에 '수소 생태계 속 쏘쏘오일의 야심 찬 계획'이라는 문장이 있었다. 'H_2'라는 글씨는 나뭇잎으로 채워져 있었다. '친환경'이라는 단어는 없지만, 친환경으로 보이려는 의도가 있는 것 같았다.

"조금 더 조사해봐야겠는걸."

민기는 다시 길을 걸었다. 정신없이 여기저기를 살피면서 발걸음을 재촉했다. 방금 찾은 쏘쏘오일의 포스터가 그린워싱인지 아닌지 확신할 수 없기 때문이었다.

시간에 맞춰 학교 앞 분식집에 모였다. 모두 힘들었던지, 들어오자마자 시원한 물부터 마셨다. 셋은 주문하고 자리에 앉았다.

"모두 하나씩 찾았어?"

슬비가 둘을 보며 물었다.

"찾았지. 아직 확실하지 않지만, 구린 냄새가 나."

민기가 이마에 주름을 잡으며 얘기하다가 자신없다는 듯 고개를 흔들었다.

"사실, 나도 좀 헷갈리는 게 있어. 이것 좀 볼래."

연두가 수첩을 펼쳤다. 마지막에 고민한 문장이 있었다.

일회용 종이컵, 플라스틱 컵, 텀블러
→ 어떤 것이 진짜 친환경일까?

연두는 메모를 보면서 종이컵과 플라스틱 컵에 관해 얘기했다. 종이는 나무로, 플라스틱은 석유로 만들었다. 플라스틱이 종이보다 더 친환경이 될 수 있다는 게 이상했다.

"종이컵이 나쁘지만, 그래도 플라스틱보다 좋지 않을까?"

"잠깐만. 내가 찾아볼게."

민기가 스마트폰에서 뭔가 검색을 시작했다. 잠시 후, 민기가 자료를 찾아 보여주었다. 일회용 종이컵과 다양한 재료로 만든 컵에서 발생하는 온실가스 배출량을 비교한 자료였다.

"혹시, 하늘별다방에서 주는 컵이 어떻게 생겼어?"

"보라색 컵이랑 비슷해."

연두가 사진을 보며 하나를 가리켰다.

"잠깐만."

민기가 다시 자료를 보았다. 슬비가 고개를 내밀고 옆에서 곁눈질했다.

"이게 사실이야?"

슬비가 숫자 '140'을 보며 깜짝 놀랐다. 플라스틱 컵 하나에서 발생하는 온실가스 배출량이 종이컵 140개와 같기 때문이었다.

"140번? 그게 가능해?"

"이 자료 나한테 보내줘. 아니다. 우리 단체 대화방을 만들자. 필요한 자료를 올리고 같이 보면 좋겠어."

"좋아. 내가 방을 만들게."

슬비가 손뼉을 치며 고개를 끄덕였다. 방을 만들고, 자료를 올리는 사이 떡볶이가 나왔다.

 **민기가 찾은 자료**

어떤 컵이 환경에 가장 도움이 될까?

2015년, 캐나다의 환경보호·재활용 단체에서 종이컵, 도자기 컵, 플라스틱 컵 등을 비교 실험하여 보고서를 발표하였다.

■ 실험 조건

1년간 매일 1잔씩 마신다는 조건이고, 컵을 만들고, 사용(5회부터 3,000회), 폐기할 때까지 발생하는 환경 영향에 대해 비교 실험하였다. 전 생애주기(LCA) 평가 방법에는 컵의 생산, 이동, 세척, 폐기까지 포함했고, 환경 영향은 5개의 측면(기후 변화, 인간 건강, 생태계의 질, 자원, 물 소비)으로 나누어 분석했다.

실험 대상	컵의 재질
일회용컵(뚜껑 있음)	두꺼운 종이에 폴리에틸렌 코팅된 473ml 용량의 컵
일회용컵(뚜껑 없음)	두꺼운 종이에 폴리에틸렌 코팅된 473ml 용량의 컵
도자기 컵	473ml 용량
텀블러 1	스테인리스 스틸 + 폴리프로필렌(PP) 커버, 손잡이
텀블러 2	폴리프로필렌(PP) 소재 + 폴리프로필렌(PP) 커버, 손잡이
텀블러 3	폴리카보네이트(PC) + 폴리프로필렌(PP) 커버, 손잡이

■ 비교 실험 결과(기후 변화 측면)

　제품을 만들 때부터 사용·폐기 단계까지 발생하는 온실가스양을 계산하는 실험을 하였다.

　뚜껑 없는 일회용 컵과 비교하면, 도자기 컵은 180회, 텀블러(스테인리스)는 70회, 텀블러(폴리프로필렌)는 30회, 텀블러(폴리카보네이트)는 140회 이상 써야 기후 변화에 미치는 영향이 뚜껑 없는 일회용 컵과 같았다.

컵의 종류	일회용 컵
도자기(세라믹) 컵	180
텀블러(스테인리스 스틸)	70
텀블러(PP, 폴리프로필렌)	30
텀블러(PC, 폴리카보네이트)	140

이 자료는 5개의 측면(기후 변화, 인간 건강, 생태계의 질, 자원, 물 소비)을 다뤘어요. '민기가 찾은 자료'에서는 어린이 독자의 이해를 돕기 위해 5개의 측면 중 기후 변화 한 가지만 간단히 요약해서 설명했어요. 자세한 내용을 알고 싶다면 QR 코드를 통해 보고서 원문을 볼 수 있어요.
(영어 문서이니 보고 너무 당황하지 마세요!)

진심으로 지구를 사랑한다면

"자료 너무 좋은데! 내가 궁금했던 게 여기 다 있어. 이런 거 어떻게 하면 빨리 찾을 수 있니? 정말 신기해!"

연두가 김밥을 집으며 민기를 바라보았다.

"형이 방법을 알려줬어."

민기는 기분이 좋은 듯 형 얘기를 하면서 입을 다물지 못했다.

빨간 국물로 흥건했던 접시가 하얀 바닥을 보였다. 슬비가 휴지로 입을 닦고는 스마트폰에서 찍은 사진을 내밀었다.

"민기야, 내 거도 찾아줘. 이 마크 가짜 친환경마크 맞지? 그래도 확인해봐야 마음이 놓여."

민기가 사진을 보다가 뭔가 발견한 듯 화면에 손을 갖다 댔다. 사진을 키워 마크 아래에 적힌 작은 글씨를 보았다.

친환경 R32 냉매
기존 R410 냉매보다 지구온난화지수가 낮은 R32 냉매를 사용하여 탄소 배출량을 최대 85만 톤 절감할 수 있어요!
(축구장 약 11.5만 개 넓이의 소나무 숲이 탄소를 흡수하는 것과 같은 효과)

민기가 R32 마크 아래에 있는 작은 글씨를 소리 내어 읽었다. 잠시 생각하고는 환하게 웃으며 고개를 끄덕였다. 'R410과 R32 냉매'로 검색하면, 슬비가 원하는 자료가 나올 것 같았다. 스마트폰을 잡고 잽싸게 손을 놀렸다. 그러고는 스마트폰을 둘에게 보여줬다.

"어때?"

민기 목소리가 경쾌했다. 슬비가 신기한 듯 눈을 크게 뜨고 자료를 보았다. 하지만 어려운 단어가 있어 이해가 잘되지 않았다.

"이게 무슨 뜻이야?"

냉매	R32	R125	R410A
지구온난화지수	675	3,500	2,088

슬비가 가리키는 단어는 지구온난화지수(GWP)였다.

민기는 자신이 있다는 듯 목에 힘을 주며 지구온난화지수에 관해 설명했다. 도서관에서 빌려온 책에서 지구온난화지수에 관한 설명을 읽었기 때문이다.

지구온난화지수란, 온실가스가 지구온난화에 미치는 영향력을 이산화탄소와 비교해서 나타내는 수치이다. 메탄의 지구온난화지수는 21~25 정도이다. 메탄 1g이 지구온난화에 미치는 영향력은 이산화탄소 21~25g과 같다는 의미이다.

"그러면 R32 냉매가 이산화탄소보다 675배 더 세다는 말이야?"

슬비가 깜짝 놀란 듯 혀를 내두르며 고개를 흔들었다.

"맞아. R32는 나쁜 놈, R410A는 더 나쁜 놈이지. 따지고 보면 둘 다 나쁜데, 누가 더 나쁜지 싸우는 것 같아."

슬비는 민기 얘기를 듣고 빙그레 웃었다.

"왜 웃니?"

"아는 만큼 보인다는 말이 맞네. 이 자료 안 봤으면, 보고도 몰랐잖아."

슬비가 장난치듯 스마트폰 사진을 줄이다가 키우기를 반복했다. 키우면 글씨가 보였고, 줄이면 글씨가 사라졌다.

슬비가 웃는 이유를 말했다. 에어컨 판매장에서 R32 마크를 처음 보았을 때, 샛별전자는 엉뚱한 마크로 소비자를 속였다고 생각했다. 하지만 민기 설명을 듣고 나니, 근거 없이 친환경으로 우기는 그린워싱이었다.

"네 말도 맞아. 이거 가짜 친환경마크잖아."

"샛별전자 에어컨은 그린워싱의 어떤 방법으로 분류해야 할까?"

연두가 삼촌이 준 자료를 가방에서 꺼냈다. 샛별전자의 그린워싱 유형이 속인 건지, 헷갈리게 한 건지 고를 수 없었다. 슬비가 자료를 보다가 삼촌에게 전화를 걸었다. 지금 방금 셋이 얘기한 것을 모두 말했다.

"충분히 헷갈릴 수 있지. 요즘은 소비자가 똑똑하잖아. 그래서 한 가지 방법만으로는 똑똑한 소비자를 속일 수 없어. 둘 다 맞아."

"정말요!"

"기업은 소비자를 속이려고 여러 가지 방법을 교묘하게 섞어서 사용해. 가면 갈수록 더 교활해질 거야."

삼촌의 대답을 듣고 전화를 끊었다. 슬비는 기분이 좋았다. 한 번에 2가지 유형을 찾았기 때문이었다.
"중요한 거 하나 빠졌어."
민기가 장난치듯 얘기하면서 둘을 바라보았다.
"뭐지? 이제 다 찾은 것 같은데."
연두가 고개를 도리도리 흔들며 눈을 껌뻑였다.
"온, 실."
민기가 소리 없이 입만 뻥긋거렸다. 둘이 동시에 '온실가스 배출량'이라 대답했다. 민기가 샛별전자 홈페이지에 들어가 '지속가능보고서'를 찾았다.
"이것 좀 봐."
지속가능보고서에 샛별전자 3년간 온실가스 배출량이 나와 있었다.
"쯧! 너무하네. 친환경, 친환경 말뿐이잖아."
연두가 자료를 보다가 혀를 차면서 인상을 찌푸렸다. 3년 동안 온실가스 배출량이 꾸준히 증가했기 때문이다.
"하늘별다방도 궁금해."

"알았어. 조금만 기다려."

민기가 어깨를 덩실거리며 경쾌하게 대답했다. 스마트폰을 잡고 신나게 검색을 시작했다.

"여기."

하늘별다방의 온실가스 배출량도 샛별전자처럼 계속 증가했다. 민기는 조금 전에 찾은 자료를 단체 대화방에 올렸다.

"이제 일어나자."

연두가 주변 눈치를 보면서 조용히 얘기했다. 토요일이지만, 점심시간이라 손님이 꽤 많았다. 셋은 슬그머니 가방을 챙기며 자리에서 일어나 분식집을 나왔다.

"민기, 네 건 못 했잖아. 우리 편의점 가서 할까?"

"아냐. 집에 가서 혼자 해도 돼."

셋은 분식집 앞에서 인사를 하고 헤어졌다.

민기는 곧장 집으로 갔다. 공모전 기사를 빨리 쓰고 싶었다. 컴퓨터를 켜면서 의자에 앉았다. 스마트폰으로 찍은 사진을 보면서 수소에 관한 자료를 찾았다.

쏘쏘오일에서 강조한 수소는 장점이 많은 연료였다. 석탄, 석유, 천연가스 같은 화석연료와 다르게 수소를 사용하여 열, 전기 같은 에너지를 만들어도 온실가스 배출이 거의 없었다. 게다가 수소를 넣은 자동차는 달리면서 깨끗한 공기를 내뿜었다.

"수소를 연료로 쓰면 장점이 많네."

민기는 고개를 끄덕이며 화면을 보았지만, 마음이 편하지 않았다. 그린워싱에 관한 기사를 쓰려면 기업이 소비자를 속이거나, 헷갈리게 만든 부분이 필요했다. 하지만 검색한 자료에는 수소에 대한 단점이 하나도 없었다.

"구린 냄새가 나는데, 도저히 찾을 수 없네. 잘못 찾았나?"

민기는 단어를 바꿔 다시 검색했다. 많은 자료가 나왔다. 천천히 내리면서 하나씩 살폈다. 그린수소, 블루수소처럼 수소에 색을 넣어 부르는 이름이 있었다.

"수소 종류가 꽤 많네."

민기는 자료를 보면서 노트에 수소의 종류를 적었다.

쏘쏘오일의 포스터를 다시 보았다. 수소 글자가 나뭇잎으로 덮여 있었다. 쏘쏘오일에서는 그린수소를 열심히 만든다는 뜻 같았다. 혹시나 하면서 전 세계 그린수소 생산량을 찾아보았다.

"헉!"

자리에서 벌떡 일어났다. 보고도 믿을 수 없었다. 2023

년 기준으로 전 세계에서 사용하는 수소의 99%가 그레이수소였다. 그레이수소는 얻는 것보다 잃는 게 더 많았다. 수소 1톤을 만들 때, 이산화탄소 약 10톤이 발생하기 때문이었다. 쏘쏘오일 역시 그레이수소를 생산했다.

"진짜 나쁜 회사네."

화를 내면서 쏘쏘오일의 포스터를 노려보았다. 단점을 숨기고, 알쏭달쏭 헷갈리게 설명하는 그린워싱이었다. 이제 쏘쏘오일의 온실가스 배출량만 살펴보면 기사를 쓸 수 있을 것 같았다.

민기는 쏘쏘오일의 홈페이지에 들어갔다. 어디 숨겨놨는지, 지속가능보고서를 쉽게 찾을 수 없었다. 민기는 이를 악물고 홈페이지 구석구석을 살피다가 아주 작은 글씨로 적힌 '지속가능보고서 보기' 단추를 찾았다.

"도대체 동그라미가 몇 개야?"

보고서에 있는 숫자를 보면서 혀를 내둘렀다. 연두와 슬비가 찾은 회사와는 비교도 할 수 없을 만큼 온실가스 배출량이 많았다. 쏘쏘오일 회사 하나가 대한민국 전체 온실가스 배출량의 약 2%를 차지했다. 엄청난 양이었다. 3년 동안 온실가스 배출량도 계속 늘었다.

"진짜 너무하네."

쉽게 흥분이 가라앉지 않았다. 씩씩거리며 화면을 쳐다보다가 다시 아래로 눈길을 돌렸다. 쏘쏘오일에 관한 충격적인 기사 하나가 또 있었다.

2023년 6월, 쏘쏘오일은 울산에 전 세계에서 가장 큰 석유화학단지 공사를 시작하였다. 공사가 끝나고 화학공장이 돌아가면, 온실가스 배출량이 지금보다 2~3배 더 늘어난다는 기사였다. 환경단체에서 공사 중단을 외쳤지만, 쏘쏘오일은 못 들은 척 공사를 계속했다.

"공사 이름이 샤인머스킷 프로젝트라고? 공사 이름까지 그린워싱을……? 진짜 말이 안 나오네. 진짜 기후악당이네."

기사를 읽다가 화가 머리끝까지 치밀었다. 도저히 앉아 있을 수 없었다. 자리를 박차고 잠시 밖으로 나왔다. 엘리베이터를 기다리기 싫어 계단으로 1층까지 내려왔다.

"후!"

크게 숨을 내쉬었다. 나무 그늘에 서자 시원한 바람이 불었다.

■ 그레이수소, 블루수소, 그린수소

① 그레이수소 : 그레이수소에는 2가지 종류가 있다.
천연가스를 수증기로 처리하여 만드는 개질수소(수소 1kg 만드는 데 이산화탄소 약 11.0 kg 배출)와 석유(석탄) 화학 공정 중에 발생하는 부생수소(수소 1kg 만드는 데 이산화탄소 약 9.2 kg 배출)가 있다.
이 2가지 방법은 화석연료를 사용하기 때문에 수소 생산 과정에서 많은 양의 이산화탄소가 발생한다.

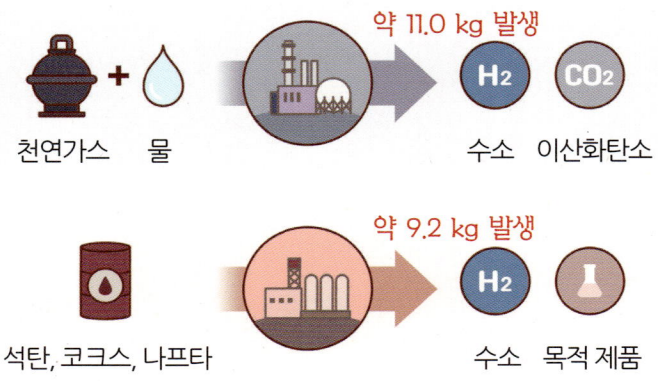

② 블루수소 : 그레이수소와 생산 방식이 같다. 하지만, 수소 생산 과정에서 발생하는 온실가스를 탄소포집 기술을 이용해 이산화탄소를 90%까지 줄일 수 있다.

③ 그린수소 : 풍력, 태양광 등 재생에너지 전력을 사용해 수전해 시스템으로 수소를 생산하는 방식이다. 수소 생성 과정에서 온실가스를 전혀 배출하지 않는다.

이제 아무거나 살 순 없죠!

 9월이 끝나고, 10월로 넘어갔다. 셋은 삼촌을 만나기 위해 약속 장소까지 수다를 떨며 걸었다.
 "연두야, 오늘은 진짜 하늘이 도운 것 같아!"
 "뭔 소리야, 오늘은 개천절이야. 하늘이 도운 게 아니라 하늘이 열렸다는 뜻이잖아."
 "그러니까. 오늘 수업 마치면 신문 동아리방에 가야 하잖아. 지난주에 학교신문 기사랑 공모전 기사 같이 쓴다고 힘들었어. 하루도 아니고 삼 일 연달아 쉬니까 너무 좋은데?"
 "맞네. 하늘이 도왔어. 히히!"

셋은 파란 간판이 걸린 가게 안으로 들어갔다. 삼촌이 먼저 와 있었다. 셋은 공손히 인사를 하고, 자리에 앉았다. 삼촌이 음료를 주문하고 셋이 모인 자리에 왔다.

"혹시 네가 추적60인분이니?"

삼촌이 씩 웃으며 민기를 보았다. 민기 얼굴이 붉게 변했다.

"네. 그, 그게 그렇게 됐어요."

민기가 더듬으면서 말을 얼버무렸다.

삼촌은 고개를 돌려 슬비를 보았다.

"그린워싱, 몇 개나 찾았니?"

삼촌이 미소를 지으며 질문을 던지고는 셋을 차례로 보았다. 셋은 공모전 마감날까지 최선을 다해 그린워싱 제품을 찾고 조사했다. 기사는 각자 하나씩 냈지만, 찾은 자료는 꽤 많았다.

셋은 기사를 쓰면서 지구온난화가 인류에게 닥친 최대의 위기라는 것을 깨달았다. 그래서 최대한 많은 것을 찾고, 시간이 걸리더라도 틀린 내용이 없는지 확인하고 또 확인했다. 잘못된 기사는 지구 환경을 위해 도움이 되지 않기 때문이었다.

"여기 한번 보실래요?"

슬비가 자신 있게 얘기하며 가방에서 자료를 꺼냈다. 연두와 민기도 지지 않으려는 듯 자료를 꺼내 탁자에 올렸다.
"와! 정말 많네."
삼촌은 세 사람의 자료를 하나씩 살펴보았다. 틀린 자료에는 빨간펜으로 X 표시가 있었다. 곳곳에 빨간펜으로 쓴 글씨도 많았다. 다른 자료와 비교한 내용이었다.
연두는 하늘별다방의 30주년 기념행사에 관한 기사와 로미오제과의 환경 캠페인에 대해 조사한 자료를 보여주었다.

슬비는 샛별전자의 R32 냉매와 아네모네화장품의 종이병 제품에 대해 설명했다. 민기는 쏘쏘오일의 수소 광고 기사와 동동나비의 친환경보일러에 대해 말했다.

삼촌은 세 사람의 자료를 보고 칭찬했다. 모두 자료 조사를 꼼꼼하게 했기 때문이다.

"이거 고이 모셔두기에는 많이 아까운데."

삼촌이 셋을 번갈아 보면서 아쉬운 표정을 지었다.

"맞아요. 학교신문 기사로 낼 수도 없고. 어디든 알렸으면 좋겠어요."

연두가 얘기하면서 씁쓸한 표정을 지었다.

"너희들 혹시 블로그나 유튜브 하니?"

"네. 당연히 하죠. 요즘 이거 안 하는 애들이 어딨어요?"

슬비가 활짝 웃으며 큰 소리로 대답했다.

"그러면 너희 셋이 같이 공동으로 블로그를 만들어서 운영해봐. 블로그가 성공하려면, 꾸준히 올리는 게 중요하거든. 셋이 하면 힘이 많이 안 들 거야."

"맞아요. 저도 작년에 만들었는데, 1년에 몇 개밖에 글을 못 올렸어요."

연두가 얘기하면서 민기를 쳐다보았다. 민기도 고개를 끄덕였다.

"우리 블로그 이름을 '그린워싱탐정단, 기후양치기를 잡아라!'로 짓자. 우리 팀이름이 그린워싱탐정단이잖아."

"오! 좋은데. 나도 도울게. 내가 너희 기사를 꼼꼼히 점검해주면 더 정확한 내용을 많은 사람에게 알릴 수 있잖아."

"좋아요. 그러면 우리 다음 주부터 바로 시작할까요?"

슬비가 한쪽 눈을 깜빡거리며 셋을 바라보았다. 삼촌과 민기가 고개를 끄덕였다.

"오늘 하늘이 많이 도와주는 것 같네."

연두가 장난치듯 얘기하면서 고개를 들었다.

"또 개천절 타령이야?"

슬비가 코맹맹이 소리를 내며 연두를 보았다.

"홍익인간 정신 모르니? 널리 인간을 이롭게(弘益人間)한다는 뜻이잖아. 오늘 개천절을 맞아 우리 그린워싱탐정단이 기후 위기를 막기 위해 기후양치기를 잡을 거잖아. 이게 바로 널리 인간을 이롭게 하자는 말이지. 어때!"

연두가 신나게 얘기하면서 주먹을 꼭 쥐며 한 손을 높이 들었다. 연두 말이 끝나기 무섭게 슬비와 민기가 손을 따라 올렸다.

"삼촌은?"

슬비가 삼촌을 멀뚱히 쳐다보았다. 삼촌이 얼굴을 붉

히며 손을 들었다. 큰 소리로 "출동! 그린워싱탐정단."을 외쳤다. 셋은 약속이나 한 듯 한목소리로 "기후양치기를 잡아라!"를 고함쳤다. 네 사람의 목소리가 사방 곳곳으로 경쾌하게 울려 퍼졌다.

이것만 알면,
이제 우리도 그린워싱탐정단!

■ 그린워싱이 뭐지?

그린워싱이란, 녹색(green)과 세탁(washing)을 합친 단어예요. 실제 친환경이 아니지만, 상품이나 서비스를 친환경인 것처럼 홍보하는 '위장환경주의'를 뜻하죠.

기업은 왜 그린워싱에 관심이 있을까요? 왜 가짜로 환경에 관심 있는 척할까요? 바로 소비자 눈치를 보기 때문이에요.

요즘 소비자는 친환경을 좋아해요. 여러분도 그렇잖아요. 실제로 같은 값이면, 친환경 제품을 사잖아요.

기업이 친환경을 제대로 실천하려면, 돈이 많이 들어가요. 하지만 기업은 제품을 만들 때, 돈을 아끼려고 엄청나게 노력해요. 그래서 편법을 쓰는 회사가 많죠. 돈을 적게 써서 그럴듯하게 환경친화적인 제품을 만들면 생각보다 잘 팔리기 때문이에요.

우리는 이런 눈속임에 넘어가면 안 돼요. 더 건강한 지구를 만들려면 모두 함께 노력해야 겨우 가능하거든요.

이유가 뭘까요?

사실, 개인보다 기업에서 배출하는 온실가스가 훨씬 더 많아요. 2020년, 대한민국 10대 기업(자회사 포함)에서

기업명	총배출량	국내 배출 비중(%)	자산 순위
한국전력	181,432,888	27.97	4
포스코	85,341,708	13.16	7
현대자동차	31,897,468	4.92	2
에스케이	28,350,752	4.37	3
지에스	20,774,157	3.2	9
삼성	19,013,885	2.93	1
엘지	16,439,837	2.53	5
한화	12,297,122	1.9	8
현대중공업	9,320,875	1.44	10
롯데	8,601,894	1.33	6

대한민국 기업의 온실가스 배출량(2020년)

배출한 온실가스가 대한민국 온실가스 전체배출량의 약 64%를 차지하거든요.

 기업에서 온실가스 배출을 줄이지 않으면, 우리의 건강한 미래는 보장받을 수 없어요. 그래서 우리가 그린워싱을 제대로 알아야 하고, 똑똑한 소비자가 되어야 하죠.

 그린워싱은 크게 4가지 유형이 있어요. 어떤 형태가 있는지 사례를 보면서 하나씩 알아볼까요?

■ 그린워싱의 형태

1. 속이기
   ① 처음부터 끝까지 거짓말
      ⇨ 폭스자동차
   ② 가짜 환경 인증 마크(엉뚱한 인증 마크)로 속이기
      ⇨ 샛별전자

2. 헷갈리게
   ③ 근거 없이 친환경이라 우기기
      ⇨ 동동나비 콘덴싱보일러
   ④ 알쏭달쏭 헷갈리게 설명하기
      ⇨ 쏘쏘오일

3. 숨기기
   ⑤ 단점을 숨기고 친환경 강조하기
      ⇨ 아네모네화장품

4. 착한 척
   ⑥ 지구를 사랑하는 척 연기하며 환경캠페인만 열심히 하기
      ⇨ 하늘별다방
   ⑦ 친환경으로 포장해서 제품 만들기
      ⇨ 북극성음료

1 속이기

① 처음부터 끝까지 거짓말 ⇨ 폭스자동차

"16만 킬로를 달린 폭스 자동차 한 대가 늘어날 때마다 어깨에 날개가 돋은 독일 엔지니어 한 명씩 생긴다."고 말하면 믿겠니?

2014년, 미국 미식축구 결승전에서 방영한 폭스자동차 광고에 나오는 대사예요. 이 광고를 보면, 날개를 단 엔지니어가 천사처럼 공장에서 날아다니고, 기술자의 엉덩

이에서 무지개가 발사돼요. 자기 회사에서 만든 자동차가 매우 친환경이라는 것을 강조하는 광고죠.

  폭스자동차는 2014년까지 다른 회사의 자동차보다 공해물질을 적게 배출한다는 '클린 디젤(Clean Diesel)' 자동차를 홍보했어요. 폭스자동차의 광고는 대성공이었고, 폭스자동차는 불티나게 팔렸어요.
  사실, 모든 것이 거짓말이었어요. 폭스자동차는 프로그램을 조작해 오염물질이 안 나오는 것처럼 만들어 팔았어요. 하지만 이런 거짓말은 오래가지 못했어요. 결국, 폭스자동차의 가짜 친환경 행위는 전 세계 소비자의 비난을 받았고, 집단 소송으로 이어졌죠.
  이 사건은 세계에서 가장 유명한 그린워싱 사례 중 하나로 기록되었어요.

1 속이기

② 가짜 환경 인증 마크(엉뚱한 인증 마크)로 속이기
　　⇨ 샛별전자

　샛별전자의 순풍에어컨은 정부의 친환경 인증을 받지 않았지만, 자기 회사에서 만든 친환경마크를 사용해 마치 친환경 인증을 받은 것처럼 포장했어요. 물론, 마크 아래에 아주 작은 글씨로 '자가마크'라고 써 놓았어요. 아래 연두색 마크를 먼저 살펴보세요. 정말 진짜 같죠?

R32이미지 관련 해당마크는
당사 자가마크입니다.

**탄소배출량 약 85만 톤을 절감하여
축구장 약 11.5만 개 넓이의 소나무 숲에서
탄소를 흡수하는 것과 같은 효과가 발생합니다.**

　게다가 이 제품의 홍보 글은 친환경을 매우 강조했어요. 어떤 홍보 글이냐고요?
　"기존 R410A 냉매보다 지구온난화지수가 낮은 R32 냉매를 적용하여 탄소배출량을 최대 85만 톤 절감할 수 있어요!"

 이 문장이 진짜 친환경을 의미할까요?
 사실, 이 제품은 '친환경'이라는 말을 쓰면 안 돼요. 냉매 R32와 냉매 R410A는 이산화탄소보다 몇백 배 더 센 온실가스이거든요.
 에어컨에는 냉매가 꼭 들어가요. 에어컨 냉매는 더운 공기를 시원하게 만들어주는 가스이거든요. 에어컨을 몇 년 쓰다 보면 시원한 바람이 안 나올 때가 있어요. 이럴 때, 에어컨 가스를 다시 넣어줘야 하죠.
 에어컨 냉매로 많이 사용하는 냉매에는 R32, R125, R410A가 있어요. 이런 냉매는 이산화탄소에 비해 지구온난화지수(GWP)가 675~3,500배 높아요. 이산화탄소보다 675~3,500배 더 나쁘다는 뜻이죠.
 과연 이런 제품을 '친환경'으로 홍보하는 게 옳을까요?

냉매	R32	R125	R410A
지구온난화지수	675	3,500	2,088

국내 주요 법정 마크

인증 마크	인증 마크 명칭 및 설명
친환경 (환경부)	환경 표지 : 같은 종류 제품 중에서 '제품의 환경성'을 향상한 친환경 제품을 인정해주는 마크이다.
환경성적 (환경부) www.epd.or.kr	환경 성적 표지 : 제품 및 서비스의 원료 공급·생산, 수송, 유통, 사용, 폐기 등 전 과정에서 환경 영향을 숫자로 표시하는 마크이다.
CO_2 탄소발자국 000g 환경부 저탄소	저탄소 제품 : 환경성적표지 인증을 받은 제품 중 '저탄소 기준'에 맞는 제품을 표시하는 마크이다.
고효율기자재	고효율 인증 : 에너지를 사용하는 제품 중 에너지효율 및 품질시험 검사 결과가 일정 기준 이상을 만족하는 제품에 표시하는 마크이다.
녹색인증 Green Certification	녹색 인증 : 탄소중립기본법에 의하여 유망한 녹색기술 또는 녹색사업을 인증하고 지원해 주는 제도이다.
Good Recycled	우수 재활용 제품인증 : 재활용 가능 자원을 사용한 제품 중에서 품질 및 환경 친화성이 우수하고, 에너지·자원절약 등 재활용 파급 효과가 큰 제품을 인정해주는 마크이다.
유기농산물 (ORGANIC) 농림축산식품부	친환경 농산물 인증 : 화학 자재를 사용하지 않거나, 사용을 최소화한 건강한 환경에서 생산한 농·축산물을 인정해주는 제도이다.
저탄소 (LOW CARBON) 농림축산식품부	저탄소 농축산물 인증 : 저탄소 농업 기술을 적용하여 농·축산물 생산 전 과정에서 에너지와 농자재 사용을 줄여, 온실가스 배출을 줄인 농산물을 인정해주는 제도이다.

국외 주요 법정 마크

인증 마크	인증 마크 명칭 및 설명
EU Ecolabel	EU Ecolabel : 유럽연합에서 사용하는 환경 인증 마크이다. 제품의 생산부터 폐기까지의 전 과정에서 환경적 영향을 감소시킨 제품이나 서비스에 붙이는 마크이다.
CE	CE Marking : 유럽연합에서 사용하는 환경 인증 마크이다. 건강·안전·환경·소비자 법률에 맞게 적용한 제품에 붙이는 마크이다.
ISCC	ISCC : 유럽연합에서 사용하는 환경 인증 마크이다. 재생에너지 지침에 따라 지속 가능성 요구사항을 준수하고 있다는 것을 입증하는 마크이다.
USDA Certified Biobased Product	USDA Biobased Product Labeling : 미국에서 운영하는 환경 인증 마크이다. 바이오 제품 소비를 늘리기 위해 인증 마크를 붙인다.
Green Seal	Green Seal : 미국에서 운영하는 환경 인증 마크이다. 환경유해물질이 없는 친환경 제품을 인증하는 제도이다.
Eco Mark	Eco Mark : 일본에서 운영하는 환경 인증 마크이다. 제품 및 서비스의 원료 공급·생산, 수송, 유통, 사용, 폐기 등 전 과정에서 오염물질이나 온실가스 등을 적게 배출한 제품을 인증하는 제도이다.
China Environmental Labeling	China Environmental Labeling : 중국에서 운영하는 환경 인증 마크이다. 제품 및 서비스의 원료 공급·생산, 수송, 유통, 사용, 폐기 등 전 과정에서 오염물질이나 온실가스 등을 적게 배출한 제품을 인증하는 제도이다.

인증 마크	인증 마크 명칭 및 설명
ECOCERT	Ecocert : 프랑스에서 사용하는 환경 인증 마크이다. 유기농 성분 함량, 친환경 포장 재질 사용 등 기준치를 만족한 제품을 인증해준다. 생산단계에서 천연 성분 및 유기농 섬유 함유량, 화학물질 함유 여부, 환경친화적인 공정 등에 대해 평가하여 인증해주는 제도이다.
ACMI AP	ACMI : 미국에서 사용하는 환경 인증 마크이다. 미국에서 판매하는 모든 미술 재료는 독성 검사를 반드시 받아야 한다. 독성이 있는 제품은 반드시 인증 마크 표시해야 한다.
FSC	FSC : 국제적으로 사용하는 환경 인증 마크이다. 지속 가능한 산림 경영을 정착시키기 위한 인증 제도이다. 산림에서 생산하는 모든 제품 중에서 모든 과정을 추적하여 불법 행위, 지속 가능한 산림 경영이 이뤄졌을 때 인증 마크를 붙일 수 있다.
Global Recycled Standard	GRS : 국제적으로 사용하는 환경 인증 마크이다. 재생 원료를 20% 이상 사용한 섬유 제품에 인증해준다. 원료의 수집, 가공, 완제품 생산 및 판매까지 모든 공정을 심사하며, 인증 마크는 재생 원료를 50% 이상 사용했을 때 붙일 수 있다.
GOTS	GOTS : 국제적으로 사용하는 환경 인증 마크이다. 원재료 중 유기농 원료를 70% 이상 사용한 섬유 제품이 대상이다. 원료의 수확부터 제품 포장까지 모든 공정에서 사회적, 환경적, 화학적 책임을 심사하여 통과한 제품만 인증 마크를 붙일 수 있다.
ORGANIC 100 content standard	OCS : 국제적으로 사용하는 환경 인증 마크이다. 유기농 원료를 5~100% 사용한 섬유 제품에 붙일 수 있는 인증 마크이다. 원료의 수확부터 제품 포장까지 모든 공정을 심사한다. 5~94%까지는 OCS Blended, 95%이면, OCS 100을 표시한다.
RECYCLED BLENDED claim standard	RSC : 국제적으로 사용하는 환경 인증 마크이다. 재생 원료를 5~100% 사용한 섬유 제품에 붙일 수 있는 인증 마크이다. 원료의 수확부터 제품 포장까지 모든 공정을 심사한다. 5~94%까지는 RCS Blended, 95%이면, RCS 100을 표시한다.

가짜 환경 마크

　진짜 환경 인증 마크처럼 보이지만, 아래 그림은 모두 가짜 환경 마크에요. 이런 마크의 특징은 뭘까요? 두 눈을 크게 뜨고 아래 마크에서 특징을 찾아보세요.

　친환경을 뜻하는 단어와 연두, 녹색을 사용했어요. bio(바이오), eco(에코), green(그린), nature(네이처, 자연), natural(내추럴, 자연의), organic(오가닉, 유기농) 같은 단어는 친환경을 의미하거든요. 게다가 '저위험', '무독성', '무해', '천연', '환경친화적', '동물 친화적' 등의 단어도 많이 사용해요.

③ 근거 없이 친환경이라 우기기 ⇨ 동동나비

집에서 사용하는 보일러는 화석연료를 사용해요. 화석연료는 태울 때, 온실가스가 배출돼요. 이런 제품을 친환경 제품이라 부를 수 있을까요?

물론, 이 제품은 환경부에서 친환경 인증을 받았고, 다른 제품에 비해 온실가스와 오염물질을 조금 적게 배출해요. 하지만 다량의 온실가스 및 유해 물질은 여전히 배출하죠.

**동동나비의 고효율 콘덴싱 기술.
깨끗하고 맑은 공기를 위한 친환경보일러**

배기가스 속에 숨은 열을 재활용하는 콘덴싱 기술로 미세먼지와 이산화탄소 배출은 줄이고, 에너지효율을 높였습니다.

가스 사용량 최대 **약 20% 절감**
가스비 연간 최대 **약 55만원 절약**
일반 노후 보일러 대비 친환경보일러 사용 시

이 광고를 보면서 어떤 생각이 들었나요? 숲이 배경으로 나오니 친환경인 것처럼 느끼지 않았나요?

엄밀하게 따져보면, 화석연료를 태우는 보일러는 친환경일 수 없어요. 하지만 엉뚱한 근거를 보여주며 친환경인 것처럼 제품을 광고했어요. 이런 것도 그린워싱이에요.

독일, 미국 등 일부 국가는 천연가스와 석유류를 사용하는 보일러 사용을 이미 금지했어요. 화석연료를 사용하는 주방·난방제품에서 온실가스가 배출되기 때문이에요.

독일은 2023년에 보일러 금지법을 시행했고, 프랑스, 오스트리아도 2023년부터 가스보일러를 새로 설치할 수 없는 법을 만들었어요. 또한 미국 뉴욕주는 2026년부터 신축 건물에 가스레인지, 가스보일러를 사용할 수 없어요. 덴마크는 2029년부터 모든 건물에 지역난방이나 재생에너지인 지열히트펌프를 사용해야 하죠.

④ 알쏭달쏭 헷갈리게 설명하기 ⇨ 쏘쏘오일

  쏘쏘오일에서는 수소의 친환경적 장점을 강조하여 광고했어요. 수소를 에너지로 사용하면, 온실가스 배출이 전혀 없거든요.
  이 광고를 보면, 쏘쏘오일이 진짜 친환경 기업으로 보이죠? 하지만 사실은 정반대랍니다.

쏘쏘오일은 2022년 기준으로 대한민국 정유회사 4곳(S에너지, G에너지, 쏘쏘오일, H오일) 중에서 온실가스 배출량이 가장 많아요. 게다가 쏘쏘오일은 울산에 석유화학 공장을 또 짓고 있어요.

이 공장이 완공되면 어떤 일이 벌어질까요?

2026년, 공장이 완공되면 세계 최대 규모의 석유화학 복합단지가 될 예정이에요. 온실가스 배출량도 엄청나게 늘어나요.

온실가스 배출량은 연간 최소 300만 톤에서 최대 2,000만 톤 정도 될 것으로 예상하죠. 이 양은 2018년 기준으로 우리나라 전체배출량의 0.4~2.7% 정도가 되는 엄청난 양이에요.

지금 당장 온실가스 배출을 줄여도 탄소 중립이 힘들다고 하던데, 이런 회사가 점점 늘어나면 우리의 건강한 미래를 더 이상 장담할 수 없을 거예요.

⑤ 단점을 숨기고 친환경 강조하기 ⇨ 아네모네화장품

　종이로 만든 것처럼 보이는 상품이 있어요. 이런 제품을 보면, 누구나 '친환경 제품'이라고 생각할 거예요.
　아네모네화장품에서는 친환경으로 포장한 제품을 만든 적이 있어요. 제품 겉면 상품 이름 들어가는 곳에 'Hello, I'm Paper Bottle(안녕, 나는 종이병)'이라는 글씨를 적었거든요. 이름만 보면, 누구나 종이 제품이라고 착각할 거예요.

아네모네화장품은 종이 용기라는 것을 홍보하면서 친환경을 강조했어요. 인터넷 쇼핑몰에서는 160㎖ 대용량 제품을 사면 '친환경 크로스백'까지 선물로 주었죠.

친환경 제품에 친환경 선물을 더해 완벽히 친환경으로 포장했죠.

이 제품은 나오자마자 그린워싱(위장 환경주의) 논란이 일었어요. 종이 용기를 썼다며 친환경 제품으로 홍보했지만, 화장품을 담는 용기는 플라스틱이었거든요.

아네모네화장품 회사는 진짜 고객을 속이려고 그린워싱을 했을까요?

회사 홈페이지의 설명을 읽어보면, 해당 제품은 내부 용기는 재활용률이 높은 무색 폴리에틸렌(PE) 재질을 사용하고, 겉면에 종이 라벨을 씌웠다고 적었어요. 또한 기존 제품보다 플라스틱을 51.8% 적게 사용했다고 밝혔죠. 문제는 이 제품이 친환경을 너무 강조했다는 점이에요. 누구나 이 제품을 처음 보았을 때, '친환경 제품'이라고 생각하지 않을까요?

4 착한 척

⑥ 지구를 사랑하는 척 연기하며 환경캠페인만 열심히 하기
   ⇨ 하늘별다방

친환경 행사 때문에 플라스틱 쓰레기 배출량이 더 늘어났다면 믿으시겠어요?

하늘별다방에서는 하루 동안 전국 매장에서 다회용 컵에 음료를 제공하는 '리유저블 컵 데이'를 진행했던 적이 있어요. 음료를 주문하면 30주년 기념 특별 디자인이 적용된 다회용 컵에 음료를 담아 제공했거든요.

이 행사의 목적은 일회용품을 줄이는 것이지만, 플라스틱 컵에 음료를 담아 팔았어요. 수십 번 쓸 수 있다고 강조했지만, 플라스틱 컵 대부분은 쓰레기통으로 들어갔어요.

환경을 생각하는 행사라고 크게 외쳤지만, 결국 플라스틱 컵을 버리는 환경 파괴 행사가 되어버렸죠.

텀블러를 사용하는 것도 다시 생각해봐야 해요. 텀블러는 재사용이 가능하므로 일회용 플라스틱 쓰레기를 줄이는 데 도움이 돼요. 하지만 텀블러도 일정 횟수 이상 써야만 친환경 효과를 발휘할 수 있어요.

연구에 따르면, 스테인리스스틸 텀블러는 최소 70회, 플라스틱 재질은 30~70회, 도자기(세라믹) 재질은 최소 180회 사용해야 일회용 종이컵보다 환경보호 효과가 있어요.

우리가 오해하는 것 중에 에코백도 있어요.

2011년, 영국 환경청은 다양한 포장 가방의 수명 주기를 평가했어요. 종이봉투는 최소 3번, 면 에코백은 131번 사용해야 일회용 비닐봉지보다 환경에 덜 해롭다는 결과를 발표했죠. 종이봉투와 면 에코백을 만들 때, 많은 자원과 에너지가 필요하기 때문이예요. 또한 면 재배에는 많은 에너지, 토지, 비료, 살충제가 필요하며, 제조 과정에서 온실가스와 물 오염이 발생할 수 있어요.

다시 말해, 에코백과 텀블러가 친환경제품이 되려면, 최소 1년 이상을 꾸준히 사용해야 해요.

⑦ 친환경으로 포장해서 제품 만들기 ⇨ 북극성음료

　많은 사람이 환경에 관심을 가져요. 그래서 같은 물건이라도 친환경 제품을 더 많이 사죠.
　이런 이유 때문인지 몰라도, 북극성음료에서 만든 생수는 병 라벨에 멸종위기 동물을 그려놓았어요.

재활용 분리수거를 해본 사람이라면, 비닐(PP)로 라벨을 만든다는 것을 알 거예요.
　비닐 라벨에 멸종위기종 동물 삽화 디자인을 그려놓으면 친환경이 될까요?
　환경을 조금이라도 더 생각한다면 라벨 없이 판매하는 게 더 현명한 방법일 거예요.
　분리해서 수거하지 못한 플라스틱은 바다로 흘러가요. 바다에 둥둥 떠다니는 플라스틱 쓰레기로 인해 해달, 펭귄, 바다표범 등 많은 해양생물이 피해를 봐요.
　2020년, 미국 환경보호청(EPA WARM)에서 플라스틱 종류별 온실가스 배출량을 조사했어요.

	PET	HDPE	PVC	LDPE	PP	PS
제조 시 온실가스 배출량	2.21	1.52	1.93	1.8	1.54	2.5
소각 시 온실가스 배출량	2.04	2.79	1.25	2.79	2.79	3.01

　플라스틱을 만들 때도, 태울 때도 온실가스 배출이 많아요. 이런 점을 본다면, 우리가 모두 플라스틱 사용을 반드시 줄여야 할 것 같아요. 꼭 필요한 곳이 아니면, 플라스틱은 쓰지 말아야겠어요.

여러분과 함께 하고 싶어요!

   재미있게 잘 읽으셨나요?
   아니 화가 나서 속이 부글부글 끓었다고요? 지금까지 믿고 샀던 제품이 그린워싱이었다는 게 너무 억울하다고요! 맞아요. 저도 그랬으니까요.

   이제 여러분이 나서야 해요. 뭘 하면 되냐고요?
   우리가 함께 '그린워싱탐정단'이 되는 거예요. 지금부터 두 눈을 크게 뜨고 그린워싱 사례를 찾아주세요. 그리고 같이 알리는 거예요. 자주 알리다 보면, 반드시 변화가 일어나거든요.
   그린워싱탐정단, 이제 여러분과 함께 하고 싶어요!

   제보 메일 보낼 곳 : carbonzero2050@naver.com

   ♠ 메일 보낼 때, 그린워싱 사례(사진, 제품, 내용 등), 이름, 주소, 연락처도 함께 알려주세요. 그린워싱탐정단 행사가 있을 때, 초대할게요.

그린워싱탐정단
사령관 정종영

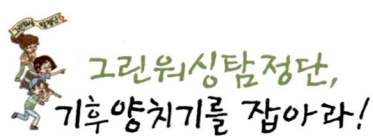

초판 1쇄 인쇄 2024년 11월 1일
초판 1쇄 발행 2024년 11월 5일

지은이 정종영 그린이 정유나
발행인 이웅현
펴낸곳 부카

출판등록 제2017-000006호
전화 1577.1912 053.423.1912
이메일 bookaa@hanmail.net
홈페이지 www.bookaa-n.com

ISBN 979-11-93891-34-6   73810

이 책에 사용한 기업명, 제품명은 작가가 지어낸 허구임을 미리 밝힙니다.
이 책의 글과 삽화는 저작권법의 보호를 받는 저작물이므로 무단전재와 복제를 금합니다.

이 책은 <대구 특화 출판산업 육성지원 사업>에 선정지원을 받아 제작하였습니다.